Nathalie Toole
Meerweh
Eine Reise zu mir selbst

Nathalie Toole

Meerweh

Eine Reise zu mir selbst

Bibliografische Information der Deutschen Nationalbibliothek: Die Deutsche Nationalbibliothek verzeichnet diese Publikation in der Deutschen Nationalbibliografie; detaillierte bibliografische Daten sind im Internet über http://dnb.dnb.de abrufbar.

Lektorat: Joss Toole
Coverdesign: Laura Köln Designs (Webseite: laurakoelndesigns.de)
Weitere Mitwirkende: Bärbel Anders und Silke Schätte

Verlag: BoD · Books on Demand GmbH, Überseering 33,
22297 Hamburg, bod@bod.de

Druck: Libri Plureos GmbH, Friedensallee 273, 22763 Hamburg

ISBN: 978-3-7693-6865-9

Inhaltsverzeichnis

Prolog

Was erwartet dich beim Lesen dieses Buches? Das möchte ich dir erklären: Ich nehme dich mit auf meine Reise, meine Reise zu mir selbst. Möchte einen Teil von mir - meinen Traum, meine Depression sowie alles, was dazwischen passiert - mit dir teilen.

Bei diesem Buch handelt es sich weder um einen Reisebericht im klassischen Sinne noch um eines rein über eine Krankheit, die noch immer viel zu sehr tabuisiert wird. Es ist meine Geschichte und da ist von allem ein kleines bisschen mit dabei. Setze dich hin, genieße deinen Kaffee oder Tee und begleite mich ein wenig auf meinem Weg, wenn du gerne mit dabei sein möchtest. Es wäre mir eine Freude, wenn dich meine Erzählung in irgendeiner Form bewegt. Egal, ob sie dich zum Schmunzeln bringt, manchmal nachdenklich stimmt oder anspornt, selbst deinen Traum in die Tat umzusetzen (auch wenn vieles dagegen sprechen mag) – Hauptsache, sie bewegt dich.

Die Reise hat begonnen und in mir ist noch alles wild durcheinander gewürfelt. Als hätte man ein Puzzle wie Konfetti in die Luft geworfen. Meine Depression begleitet mich - mal leiser, mal lauter. Heute ist sie laut. Ich bin an einem Ort, an dem ich sein möchte und doch auch nicht, weil ich so sehr den Menschen vermisse, der mir besonders am Herzen liegt.

Mein Leben wurde innerhalb der letzten anderthalb Jahre komplett auseinandergenommen - von mir selbst! Und nun bin ich dabei, es Stück für Stück zu etwas zusammenzusetzen. Es soll wieder vollständig sein und ich vor allem glücklich.

Derzeit sitze ich in einem schönen Café in Luxemburg und bin noch überhaupt nicht mental im Hier und Jetzt. Weder in Bezug auf die Reise noch bei mir selbst. Und das ist in Ordnung. Genau das werde ich nun annehmen und mir ohne Druck die Zeit geben, zu finden, wonach ich womöglich suche, oder was mich eventuell von allein finden wird.

Es ist wohl an der Zeit, mich kurz vorzustellen: Mein Name ist Nathalie, meine Freunde nennen mich Nana und dieser Spitzname passt meiner Meinung nach wesentlich besser zu mir. Ich bin Anfang 30 und stehe mit beiden Beinen fest im Leben - zumindest von außen betrachtet.

Mit meinen 1,63 m, den Sommersprossen im Gesicht und den etwas wilden blonden Locken würden mich viele Menschen wohl zunächst mit Adjektiven wie süß, schüchtern oder durchaus auch distanziert beschreiben. Menschen, die mir nahestehen, beschreiben mich in der Regel hingegen als humorvoll, liebevoll und engagiert. Ich denke, dass der erste Eindruck, den ich auf Fremde mache, wenig mit dem zu tun hat, wer ich wirklich bin und das wiederum rührt vielleicht von einem fehlenden Selbstwertgefühl - dabei bin ich in vielen Bereichen meines Lebens eine wirklich selbstbewusste Frau (wow, ein Fortschritt, dass ich diese Worte hier überhaupt mit Überzeugung niederschreiben kann!).

Fakt bleibt: hinter der Fassade steckt bei uns Menschen immer viel mehr, als wir im ersten Augenblick erahnen können. Ich habe mir schon oft sagen lassen, dass der erste Eindruck von mir täuscht und nichts mit der "wirklichen" Nana zu tun hat. Dabei wirken wir meistens komplett unbewusst so, wie wir eben wirken. Nur sehr wenig lässt sich davon (dauerhaft und eben bewusst) kontrollieren - ein bisschen außerhalb unserer Kontrolle geschieht immer etwas. Meist vor allem in Bezug auf unsere Mimik oder Gestik - es sind selten unsere Worte, die insbesondere beim Kennenlernen die größte Rolle spielen. Viel wichtiger bleibt noch zu schreiben, dass - und auf diesen Aspekt werde ich noch häufiger zu sprechen kommen - unsere Wirkung auf einen Menschen meist viel mehr mit **dessen** Meinung/Ansicht/Einstellung zu tun hat als mit uns! Im Umkehrschluss urteilen wir Menschen nämlich leider sehr voreilig und unter Einfluss unseres aktuellen Gemütszustands. Sind wir schlecht gelaunt, begegnen wir Menschen auch eher mit negativen Vorurteilen. Gehen wir offenherzig und positiv durch die Welt, begegnen wir entsprechend auch den Menschen.

Doch wie ist es überhaupt dazu gekommen, dass ich nun in Luxemburg in einem Café sitze und sechs Monate Ungewissheit vor mir liegen? Das möchte ich dir auf den nächsten Seiten gerne erzählen.

Der Ursprung meines "Mutausbruchs" ...

Wie bin ich also auf diese wahnwitzige Idee gekommen, beinahe alles aufzugeben und mich in einen Bulli zu setzen, um Europa zu bereisen? Reisen war schon immer meine größte Sehnsucht. Insbesondere am Meer zu sein - das war seit jeher der Ort, an dem mein Herz "wohnt" und jedes Mal Freudensprünge macht.

Wirklich ausschlaggebend bei der eigentlichen Umsetzung war allerdings eine Reha, zu der ich im November 2022 aufgebrochen bin. Der Grund für diese waren psychosomatische Beschwerden aufgrund meiner langjährigen Depression. Insbesondere ein mögliches Reizdarmsyndrom wünschte ich mir zu diesem Augenblick abgeklärt, da es mich in meinem Alltag sehr beeinträchtigte. Falls du dir darunter nicht so viel vorstellen kannst: Mitten in einem Supermarkt zu stehen und von der einen auf die andere Sekunde Durchfall zu bekommen, beschreibt das Gefühl eines Reizdarmsyndroms schon ziemlich zutreffend. Hinzu kommen Magenkrämpfe, Verstopfung und Blähungen in den unpassendsten Situationen, die du dir nur vorstellen kannst. Eine Dauerbelastung also.

By the way war es nie mein Ziel, jeden Busch im Umkreis irgendwann einmal als Toilette missbrauchen zu müssen... Kleiner Hinweis für alle mit **und** ohne Reizdarmsyndrom: Nehmt den Dreck und eure Ausscheidungen wieder mit! Ich habe immer Taschentücher und Kotbeutel dabei - Vorbereitung ist alles. Wie oft bin ich beinahe in die Hinterlassenschaften von anderen Menschen sowie ihren liegen gelassenen Taschentüchern getreten. Wer möchte das schon? Also nehmt euren Mist wieder mit, denn bis zum nächsten Mülleimer ist es nie weit!

Meine Reha fand in der Nähe von Dermbach statt. Fünf Stunden Autofahrt von meinem damaligen Zuhause nahe Hamburg entfernt. Für mich war es wichtig, während meines fünfwöchigen Aufenthalts nicht mal eben Heim fahren zu können. Ich wollte mir bewusst die Auszeit von meinem Alltag nehmen.

Am 9. November 2022 kam ich also nach einer langen Fahrt und einer wundervollen (Achtung: Sarkasmus) "Darmattacke" direkt neben einer

Schnellstraße in "meiner" Klinik an. Ich war nervös und doch froh, nun endlich angekommen zu sein. Alle waren freundlich und ich richtete mich direkt heimisch in meinem kleinen Zimmer ein; selbstverständlich inklusive Lichterkette und Fotos an der Wand - ein bisschen "Zuhause-Gefühl" sollten mir meine vier Wände für die nächsten Wochen schon geben. Insbesondere, weil dies der erste Aufenthalt in einer Klinik meines bisherigen Lebens war.

Bis dato war ich kein Mensch gewesen, dem es besonders leicht fiel, Kontakte zu knüpfen - und doch würde ich mich bereits damals als positiven Menschen bezeichnen, der Unbekannten weitestgehend offen begegnete. Bereits beim ersten Mittagessen machte ich also meine erste Bekanntschaft und fand somit Anschluss. Schon nach wenigen Tagen fühlte ich mich wohl und der Therapieplan bot kaum eine Möglichkeit, in unnötigen Grübeleien zu versinken - ein großer Vorteil für mich.

Der Plan sah vor, sowohl an Gruppen- als auch an Einzeltherapiestunden teilzunehmen. Für mich war das alles neu, da ich daheim bereits seit einigen Monaten vergeblich auf einen Therapieplatz gewartet hatte (wie es eben so viele tun).

Die ständige Konfrontation mit meiner Depression und dem Auseinandersetzen mit dem Fakt, dass ich wirklich krank bin, war für mich mehr als anstrengend und ich rutschte noch vor Ort in eine erneute depressive Episode. Das hatte, zumindest nach Einschätzung der Ansprechpartner vor Ort, den Grund, dass ich meine Depression daheim niemals wirklich bewusst angenommen und zugelassen habe, sondern seit vielen Jahren von mir weggeschoben hatte. Ich fühlte mich zu diesem Zeitpunkt oft wie ein kleines Kind, welches den Weg nach Hause vergessen hatte und nun allein umherirrte. Daher war ich mehr als dankbar für die Menschen vor Ort, die mit ganz ähnlichen Problemen zu kämpfen hatten. Auch das war eine neue Erfahrung für mich. Denn vor meinem Aufenthalt in der Klinik hatte ich keinen Kontakt zu anderen Menschen mit Depressionen.

An dieser Stelle möchte ich betonen, wie wichtig genau dieser Kontakt ist, um sich selbst gegenüber verständnisvoller zu sein und sich nicht mehr allein mit der Diagnose zu fühlen. Von Nichtbetroffenen erhält man nämlich oftmals nur Aussagen wie: "Das wird schon wieder, denk einfach nicht so viel nach", "Ich bin auch manchmal traurig - das gehört eben zum Leben dazu" oder - auch sehr beliebt - "Stell dich nicht so an - andere haben es auch nicht leicht/das Leben ist kein Ponyhof". Ich kenne niemanden mit der Diagnose Depression, der nicht einen dieser Sätze schon einmal von der eigenen Familie oder Freunden gehört hat. Das ist nicht nur traurig, sondern ein riesiges Problem unserer Gesellschaft. Während die jüngere Generation probiert, Generationstraumata aufzuarbeiten und mehr auf sich Acht zu geben, spricht die ältere Generation von "Verweichlichung". Dabei hat gerade diese die allergrößten Probleme und wäre gut damit beraten, über eine Therapie nachzudenken. Ich weiß leider nicht, wo ich es gehört habe, deshalb verzeih mir bitte, dass ich keine Quellenangabe machen kann, aber an diesem Satz ist so viel Wahres dran:

"Die meisten Menschen, die eine Therapie machen, müssten dies nicht tun, wenn die Menschen, mit denen sie in ihrem Leben konfrontiert werden, eine machen würden."

Der Aha-Moment

Nach fünf Wochen in der Klinik, welche wie im Flug vergangen waren, hatte ich mich nicht nur das erste Mal mit meiner Depression auseinandergesetzt, viel Sport getrieben, Wesensverwandte ins Herz geschlossen, sondern vor allem erkannt, dass ich dringend einen Therapieplatz im Anschluss an die Reha brauchte, um meine Traumata aufzuarbeiten. Auch habe ich meinem Reizdarmsyndrom vor Ort einen Namen gegeben: Hektor. Eine Mitpatientin hatte mich auf die Idee für diesen Namen gebracht und mir zum Abschied sogar ein passendes Maskottchen in Form eines kleinen grünen Drachens geschenkt, welcher mir seitdem zuverlässig Beistand während meiner Darmattacken im heimischen Badezimmer leistet. Dass meine Erkrankung nun einen Namen hatte, erleichterte mir tatsächlich den Umgang mit dieser. Schließlich zeigt sich Hektor immer dann, wenn etwas in mir nicht stimmt. Also in Momenten, in denen ich auf mein Herz hören und in mich hineinfühlen sollte. Im

Endeffekt ist er also alles andere als mein Feind, auch wenn es sich oftmals danach anfühlt. Durch eine positive Grundeinstellung zu Hektor wollte ich also in Zukunft dafür sorgen, nicht nur mir, sondern auch meinem Reizdarm liebevoller zu begegnen, wenn es mal wieder zu einer Attacke kommen würde.

Kurz vor meiner Abreise fand das Abschlussgespräch mit meiner Psychologin vor Ort statt. Ein Teil von diesem war auch, dass ich einen utopischen Wunsch formulieren sollte. Im Gespräch fragte meine Psychologin dann danach und ich antwortete: "Mehrere Monate am Stück zu reisen". Sie sah mich an und fragte mich, warum das nicht möglich sein sollte. Ich fand ihre Frage zunächst fast wahnwitzig, denn das lag doch auf der Hand, oder nicht? Und dann, im Laufe des Gesprächs, wurde mir langsam bewusst, dass alles, was dagegen sprach, lediglich Ängste vor Ungewissheit waren, die mir bei der Umsetzung im Wege standen. Ich hatte während dieses Gesprächs tatsächlich einen "Aha-Moment", der mir noch heute sehr präsent in Erinnerung geblieben ist. Denn im Anschluss brach einiges an gedanklichen Grundpfeilern und Überzeugungen in mir ein. Ich verstand, dass ich wenig im Leben wirklich tun muss, wenn ich es nicht möchte. Außerdem, dass ich an erster Stelle meiner Prioritätenliste stehen sollte und nicht immer andere. Meine alte Herangehensweise ist leider für viele (vielleicht auch für dich) ganz selbstverständlich in ihrem Alltag - egal ob bei der Arbeit oder privat.

Ein kleiner Appell an alle Eltern

Insbesondere Eltern und speziell Alleinerziehende sollten sich nun von mir angesprochen fühlen. Denn auch, wenn du Mutter/Vater bist, hast du weiterhin ein Recht darauf, als eigenständige Person für dich glücklich zu sein und eben nicht nur für deine Kinder zu leben und zu handeln.

An diesem Punkt kommt dann gerne der Satz: "Du hast keine Kinder, du kannst das nicht beurteilen!". Mag sein, dass ich die Situation eines Elternteils absolut nicht nachvollziehen kann, aber glaubst du wirklich, dein Kind wünscht sich für dich, dass du dich selbst an die letzte Stelle setzt? Würdest du wollen, dass dein Kind sich in seinem eigenen Leben auch nie als Priorität sieht? Warum leben genau dies dann so viele Eltern ihren Kindern tagtäglich vor (ich kenne die Antwort: Jedes Elternteil möchte seinem Kind möglichst viel bieten)?

Diese Aussagen meinerseits mögen ziemlich schroff klingen. Manchmal macht es mich aber einfach traurig, denn ich erlebe so viele unglückliche Eltern, die durch ihren Alltag hetzen, um ihren Kindern alles zu ermöglichen. Dabei wünschen die Kinder sich meist nur die Aufmerksamkeit der Eltern und merken es eben sehr wohl, wenn diese ununterbrochen gestresst und ausgelaugt sind. Eure Kinder bemerken es, wenn ihr unglücklich seid – sie brauchen Eltern an ihrer Seite, die mit sich selbst im Reinen sind und vor allem gute Vorbilder darstellen.

Nun habe ich aber ausgeholt! Merkt man, dass mich dieses Thema sehr bewegt? Ich wünsche mir, dass Eltern aufhören, Unmögliches möglich machen zu wollen, obwohl jedes Kind sich vor allem zwei nicht-materielle Dinge wünscht: Liebe und gemeinsame Zeit. Und diese müssen/sollten meiner Meinung nach nicht immer im Getümmel eines Freizeitparks stattfinden, damit das Kind möglichst viel "Tolles" erlebt. Natürlich ist an einem Park nichts Falsches, doch ist es nicht das **einzig** Essenzielle, was ein Kind zum Glücklichsein braucht. Oftmals sind es doch die eigenen, hohen Erwartungen an einen selbst, die auf die Kinder projiziert werden, oder nicht?

Abschließend zum Aufenthalt meiner Reha möchte ich hinzufügen, dass diese mir nicht nur die Augen für den Umgang mit meiner Krankheit und für die Priorisierung meiner eigenen Wünsche geöffnet hat, sondern mir auch eine neue wichtige "Lebenseinstellung" mitgegeben hat: **Sei offen für Neues.**

Und damit begann meine Reise zur Reise ...

Nicht nur ich hegte schon lange den Wunsch zu reisen - auch mein damaliger Ehemann, Joss, war seit vielen Jahren begeistert von dieser Idee. Ich würde sogar weitergehen und behaupten, dass er weit vor mir den Traum hatte, möglichst viel von unserer Erde zu entdecken. Bisher standen uns aber vor allem Sätze wie "Sicherheit geht vor", "Dafür haben wir gerade nicht das Geld übrig" oder "Gerade passt es einfach nicht" im Weg. Es gibt schließlich immer einen Grund, etwas nicht zu riskieren!

Als ich aber, bestärkt durch mein Erlebtes während der Reha, wieder zuhause ankam, musste ich zuerst meinen Mann überzeugen. Und das war alles andere als leicht. Schließlich hatten wir es uns in Bezug auf das Leben im Allgemeinen gerade sehr gemütlich gemacht: sichere Jobs, eine schön eingerichtete Wohnung, genügend Erspartes und einen wundervollen Freundeskreis nebst geregeltem Alltag. Wer denkt da schon an "Ich will hier weg"? Das konnte ich nach der Reha nun ganz klar beantworten: "Ich!".

Mir war zu diesem Zeitpunkt vor allem bewusst geworden, dass das Leben endlich ist und man nie weiß, wie viel Zeit man noch hat. Ich bin mir bewusst, dass das eine typische Floskel ist, aber es ist nun einmal ganz klar die Wahrheit. Wir wissen es nicht und deshalb sollten wir doch die Zeit mit dem füllen, was uns glücklich macht, oder nicht?

Niemand wird dir am Ende deines Lebens sagen: "Zum Glück bist du diesen Schritt nicht gegangen - es hätte schließlich schief gehen können!"

Das alles soll aber nicht den Anschein erwecken, dass ich zu diesem Zeitpunkt (übrigens war das Ende 2022, Anfang 2023) frei von Ängsten und Zweifeln gehandelt habe. Vor allem mein zweiter Partner Marc (Ist dank dieser Aussage selbst deine Verwirrung verwirrt? Verständlich. Zu dieser Zeit führten mein Ehemann und ich eine offene Ehe. Wir sind seit November 2023 getrennt), machte mir während dieser Episode immer wieder Mut und schubste mich regelrecht in die richtige Richtung. Dafür bin ich ihm noch heute unglaublich dankbar. Denn als Joss überzeugt war, musste ich den für mich herausforderndsten Schritt gehen: mit meinem Chef über mein Vorhaben sprechen.

In Bezug auf meinen Job war ich schon immer sehr selbstkritisch und konnte mir nicht vorstellen, dass mir mein Chef eine Auszeit ermöglichen wollen würde. Doch nachdem ich das Gespräch lange vor mir hergeschoben hatte, gab mein Chef mir am 23. Januar 2023 sofort ein "Go" für die Umsetzung meines Plans - er würde einen Weg finden, mir eine sechsmonatige Auszeit zu ermöglichen!

Und plötzlich wird es real!

Das war der Zeitpunkt, an dem ich merkte: Wir machen das wirklich! Und das war nicht nur ein unbeschreiblich beflügelndes Gefühl, sondern auch ziemlich angsteinflößend. Allerdings hatte sich seit der Reha einiges an meiner Einstellung zum Leben geändert. Zuvor waren mir vor allem Sicherheit, Beständigkeit und Kontrolle wichtig, doch inzwischen hatte ein Wandel in mir stattgefunden: Ich war bereit für Unsicherheit und dafür, mich ins Leben zu stürzen. Pure Freiheit und Lebenslust - zwei Motivationsfaktoren, die mir fortan Antrieb verliehen.

Allerdings begleitete mich Anfang 2023 nicht nur der Wunsch all das zu erreichen. Dicht an meiner Seite schien es sich auch seit Mitte Dezember meine Depression wieder gemütlich gemacht zu haben. Seit meinem Klinikaufenthalt sah ich die Krankheit allerdings nicht mehr als reinen Gegner. Sie machte mich seit über einem Jahrzehnt zu einem wesentlich empathischeren Menschen, der sich stets - und jetzt eben noch viel intensiver - in Selbstreflexion übte. Und damit möchte ich mich keinesfalls als besonders "toll" betiteln - doch war es für mich wichtig zu erkennen, dass die Depression auch positive Seiten in mir fördern kann.

Ich hatte inzwischen mit meiner EMDR (Eye Movement Desensitization and Reprocessing) Traumatherapie begonnen. Mit dieser Form der Therapie wird die Verarbeitung traumatisierender Lebensereignisse angeregt. Sie ist nicht für jeden geeignet, jedoch erfolgversprechend, wenn man auf sie anspricht.

Und auch, wenn diese Form der Therapie ausgesprochen kräftezehrend ist, bemerkte ich bereits nach einigen Sitzungen im Sommer 2023, dass sie in mir einen Prozess in Gang setzte. Begleitet wurde dieser allerdings auch von der Tatsache, viel leichter "angreifbar zu sein". Das heißt, dass ich durch bestimmte (vermeintlich harmlose) Situationen im Alltag schnell in einen schwer beschreibbaren Zustand versetzt werden konnte. Mit der Zeit erkannte ich mögliche Auslöser und konnte diesen aus dem Weg gehen oder sogar einen besseren Umgang mit ihnen finden. Für mich war die Anfangszeit der Therapie deshalb sehr herausfordernd und anstrengend.

Selbstverständlich habe ich mich dann auch oft gefragt, ob es überhaupt der richtige Weg ist, zur Therapie zu gehen. Dank meiner Therapeutin und den Wesensverwandten aus der Klinik hatte ich allerdings immer genügend Rückhalt, um mir bewusst zu werden, dass ich nur so auf Dauer einen besseren Umgang mit meiner Depression und die Verarbeitung meiner Traumata schaffen würde. Die Anstrengung sollte ich also vor allem mir selbst zu Liebe in Kauf nehmen. Kein leichtes Unterfangen. Vor allem dann nicht, wenn man gerade dabei ist, einen riesigen Schritt Richtung "Lebenstraumerfüllung" zu gehen.

Wenn ich an Familie denke, dann zwangsläufig auch an meine Kindheit. Das ist bei den meisten der Fall, oder? Schließlich beginnen wir dort zu verstehen, welche Bedeutung die Menschen in unserem Umfeld haben, zu wem wir eine besonders enge Verbindung haben oder was uns in diesem Kreise vielleicht fehlt?

Meine Kindheit ist etwas, über das es mir schwer fällt zu sprechen. Die meisten Dinge, an die ich mich erinnere, sind eher von negativen Emotionen geprägt. Das bedeutet absolut nicht, dass meine Kindheit ein einziger Albtraum war! Als "glücklich" würde ich sie allerdings nicht betiteln wollen. Ich weiß, dass diese Zeilen insbesondere meine Mama verletzen werden. Aber für mich wäre es eine Lüge, meine Kindheit und Jugend als durchweg glücklich zu bezeichnen. Außerdem glaube ich, dass das sowieso kaum ein Mensch über seine Vergangenheit sagen würde. Schließlich ist unser Leben doch immer von Auf und Abs begleitet - so spielt es nun einmal.

Meine Definition von Familie befand sich in meinem bisherigen Leben immer in einem stetigen Wandel. Inzwischen bin ich der festen Überzeugung, es ist wichtig, dass jeder seine eigene Familie definiert. Und die darf sowohl aus Verwandtschaft als auch aus Freunden oder sogar Arbeitskollegen sowie Haustieren bestehen!

Ich finde es immer wieder amüsant, wenn mir jemand erklären möchte, dass die Familie, die man "von Natur aus" durch das eigene Zuhause an die Seite gestellt bekommt, hingenommen und **bedingungslos** geliebt werden muss. Dabei sind wir alle doch absolut unterschiedlich - Verwandtschaft hin oder her! Wir selbst müssen entscheiden, welche Personen in unserem Leben uns guttun und mit wem wir unser Leben teilen möchten. In Gesprächen über diese Thematik habe ich schon so häufig den Satz gehört: "So ist er/sie nun einmal. Sie/er gehört zur Familie - da kann ich ihr/ihm nicht aus dem Weg gehen/den Kontakt abbrechen." **Doch, natürlich kannst du das!** Der einzige Mensch, der dich davon abhält, bist du selbst und deine Überzeugung von richtig und falsch sowie der Druck der Menschen um dich herum, weil sie deine Meinung eventuell nicht teilen könnten.

Schon während meiner frühen Jugend habe ich mich im Kreise meiner Familie niemals wohl gefühlt. Für mich gab es dort immer ein Gefühl, nicht zugehörig zu sein. Das bedeutet nicht, dass ich grundsätzlich das Gefühl hatte, nicht willkommen zu sein, sondern viel mehr nicht "hinein zu passen". Klingt das hart? Ja, tut es. Aber das war mein Gefühl. Ich bin mir sicher, dass meine Familie nicht grundsätzlich das Ziel verfolgt hat, mir dieses zu vermitteln. Durch die Trennung meiner Eltern und die daraus entstehende Patchwork-Situation, welche für uns Kinder schnell zur Selbstverständlichkeit wurde, wurde auch mein in dieser Zeit entstehendes Bild von Familie stark geprägt. Dank meines Stiefbruders machte ich damals die Erfahrung, dass Familie keineswegs blutsverwandt sein muss, damit eine starke Bindung vorhanden sein kann. Mein Bruder hat meine Kindheit stark geprägt und ich bin dankbar, dass wir über viele Jahre hinweg einige sehr gute Erinnerungen schaffen konnten.

Gleichzeitig kämpfte ich mit dem Fakt, von meinem Vater getrennt aufzuwachsen. Wir sahen uns - mehr oder weniger - regelmäßig. Zu Beginn waren es geplante Wochenenden, die wir bei ihm verbrachten. Irgendwann hörte das auf und wir verabredeten uns zu zweit oder zum Essen bei ihm und meiner Stiefmutter daheim. Die Treffen nur zwischen uns beiden waren für mich der Inbegriff von familiärer Bindung und ebenso bedeuteten sie auch viel Warterei und Enttäuschung, da mein Vater, bedingt durch seinen Beruf, oftmals eher spontan zu Verabredungen erschien oder ebenso spontan absagte und mich vorab lange warten ließ. Auch hier möchte ich betonen, mir sicher zu sein, dass hier keinerlei Absicht bestand, mich zu verletzen. Die Situation war nicht einfach - für **keinen** von uns.

Der Wandel der Zeit

Heute bin ich sehr glücklich mit meiner Familie. Ich habe für mich entschieden, dass diese vor allem aus meinen unglaublich herzlichen Freunden besteht, die mir jederzeit das Gefühl geben, dass ich so, wie ich bin, vollkommen in Ordnung bin - mit all meinen Fehlern und Macken nehmen sie mich an und schenken mir Liebe. Man redet über alles, man streitet auch mal und danach spricht man darüber und verträgt sich wieder. Das ist eine gesunde Bindung. Dadurch zeichnet sich mein heutiges Bild von Familie aus.

Während meiner Kindheit und Jugend gab es unfassbar viele Konflikte. Ich würde sogar so weit gehen und sagen, dass diese an der Tagesordnung standen. Konflikte sind nicht das Problem, sondern der Umgang mit ihnen. Ich war es damals gewohnt, dass grundsätzlich - ohne Kommunikation - entschieden wurde, wer recht behält und wer einen Fehler begangen hat. Niemals wurde sich in Ruhe zusammengesetzt und darüber gesprochen. Es war oft laut - statt etwas zu klären, wurden Türen geschlossen und geschwiegen. Worte schienen nur anzukommen, wenn sie geschrien wurden. Und eine Entschuldigung oder Aussprache im Nachgang gab es kein einziges Mal. Diese Tatsache rührt mich noch heute zu Tränen. Denn ich empfinde Mitgefühl. Für uns Kinder. Uns wurde beigebracht, dass unsere Meinung wenig Wert hat – so ist es zumindest bei uns angekommen. Ob dies wirklich gewollt war, kann in Frage gestellt werden. Der einzige Weg zur Ruhe bestand im Rückzug. Und den wählte ich meistens. Den Großteil meiner Jugend verbrachte ich draußen mit Freunden oder in meinem Kinderzimmer. Ich war ein nachdenklicher junger Mensch. Schüchtern, unsicher und trotzdem war ich im Kreise meiner Freunde immer sehr gelöst. Aber die Zeit daheim war meist von Stille oder Streit geprägt.

Wichtige Klarstellung an dieser Stelle: Für mich ist es von wichtiger Bedeutung, heute, in der Gegenwart, aus möglichst vielen Perspektiven heraus die damalige Situation zu begutachten. Ich werde nichts schönreden und keinen an den Pranger stellen, denn nichts von beidem würde irgendjemandem etwas geben. Mir war es, je älter ich wurde, ein Anliegen auch die "Päckchen" zu sehen und anzuerkennen, die die Menschen um mich herum zu dieser Zeit getragen haben. Unsere Eltern waren in einer anderen Lebensphase, als sie es heute sind. Eine Trennung zu verarbeiten und damit Frieden zu schließen, ist doch für jeden von uns wirklich schwer, oder nicht? Natürlich rechtfertigt das nicht, Kinder in die Situation mit reinzuziehen. Aber jeder von uns ist mit schwierigen

Situationen, die das Leben uns hinwirft, mal überfordert und macht Fehler oder sagt Dinge, die absolut nicht so gemeint sind. Krankheiten, ob psychischer oder physischer Natur, verändern und beeinflussen Menschen - insbesondere Abhängigkeiten verwandeln einen Menschen manchmal in ein Monster, ohne dass dieser noch Macht über seine Handlung und Aussagen hat. Im Zuge dessen bleiben wir in Hinblick auf Kind-Eltern-Konstellationen aber trotzdem der Meinung, dass ein Kind nicht verantwortlich für die Gefühlswelt seiner Eltern ist und ebenso wenig Situationen "aushalten muss", die mit einer Abhängigkeit einhergehen oder beeinflusst durch psychische Krankheiten entstehen. Kinder müssen von ihren Eltern gut behandelt, beschützt und umsorgt werden. Und wenn die eigene Last der Eltern zu groß werden sollte, ist es wichtig, dass sie sich als erwachsene Personen Hilfe suchen - denn wir alle machen Fehler und dürfen Schwäche zeigen.

Die positiven Erinnerungen an die ersten 18 Jahre meines Lebens fanden vor allem an Wochenenden und während der Ferien auf einem Campingplatz an der Ostsee statt. Dort, wo noch heute mein Herz wohnt. Meine Eltern würden mir jetzt sagen, dass es da doch noch so viel mehr gab, was schön und erinnerungswürdig wäre. Doch leider erinnere ich mich nicht mehr an viel. Ein Geburtstag im Partykeller inklusive Topfschlagen und "Schokolade auspacken" oder die Wochenenden, die ich mit meinem Bruder verbrachte, sind die wenigen halbwegs klaren und vor allem sehr glücklichen Erinnerungen, die mir bleiben. Eventuell habe ich viel vergessen und das tut mir für meine Eltern leid, die wahrscheinlich ihr Bestes gegeben haben, um uns eine schöne Zeit zu ermöglichen. Aber vielleicht hat mein Vergessen auch seinen Grund?

Die Freundschaften, die ich damals schloss, waren so unterschiedlich - sowohl im positiven als auch im negativen Sinne. Ich musste erst lernen, wer mir guttut und was ich mir von einer Freundschaft erhoffe. Auch das gehört zum Erwachsenwerden dazu. Ich probierte mich aus, traf auf die unterschiedlichsten Menschen und lernte aus jeder Beziehung. Besonders in der Schule durchlief ich viele Phasen. Ich verbrachte viele Jahre damit, eher für mich zu sein oder nur ein, zwei gute Freunde an meiner Seite zu haben. Ebenso erfuhr ich, was Mobbing bedeutet und was es mit dem Selbstwert eines jungen Menschen anrichten kann. Während meiner Zeit an der Realschule gab es aber ebenso Jahre, die von einem sehr großen Freundeskreis und Wochenenden in Partykellern geprägt waren. Sich ausprobieren, Grenzen definieren (oder auch mal zu überschreiten) und jede Menge neue Erfahrungen machen - so sollten Kindheit und Jugend aussehen. Und dafür bin ich dankbar. So verloren und allein ich mich oft gefühlt habe, möchte ich keineswegs missen, was mich in dieser Zeit positiv geprägt hat.

Den Großteil meiner "Abenteuer" außerhalb unseres Hauses behielt ich allerdings für mich. Ich hatte nicht das Gefühl, dass großes Interesse daran bestand und - aufgrund meines Rückzuges in mein Kinderzimmer - begann ich eine Art Schutzmauer aufzubauen. Ich **wollte** vieles einfach nicht preisgeben, versuchte, meine eigene kleine Welt zu erschaffen und diese zu schützen. Meist wurde dem sowieso wenig Beachtung geschenkt und in der damaligen Situation war ich sogar froh über diese Tatsache. Ich erinnere mich an ein oder zwei Situationen, in denen meine Mutter probierte, ein Gespräch mit mir aufzubauen, aber irgendwie war der Zug da bereits abgefahren. Deshalb zog ich mich auch während Familienfeiern zurück. Erst einmal hasste ich es, im Mittelpunkt zu stehen und außerdem fühlte ich mich beäugt, kritisiert und - wie bereits oben beschrieben - nicht Teil der Gemeinschaft. Mit diesem Verhalten ging ich meiner Familie ganz schön auf die Nerven. Doch mir gab der Abstand, den ich durch meine Art aufrechterhielt, Sicherheit. Zuvor hatte ich leider mehrmals die Erfahrung gemacht, wie es sich anfühlt, wenn Vertrauen innerhalb des engsten Familienkreises gebrochen wird. Ich lernte dadurch, dass ich nicht offen sein darf, denn dann würde ich verletzt werden. Besonders in der Pubertät führte das in mir zu einem massiven Bruch. Ich möchte niemandem die Schuld für meine Instabilität damals geben.

Erst heute weiß ich, dass Selbstverletzung und Gedanken über das eigene Ableben ein riesiges Warnsignal waren, welches mir hätten zeigen sollen, wie verzweifelt und hoffnungslos ich mich in meiner Situation gefühlt habe - nicht einmal mit meinen Freunden habe ich darüber gesprochen. Kein Mensch wusste, was in mir vorging. Und ich denke, dass ich mit diesen Warnsignalen nicht allein war/bin. Junge Menschen kämpfen mit so viel. Und darunter fallen auch sie selbst - sie kämpfen mit ihren Schwächen, Verwirrungen und Ängsten. All diese Gefühle sind in diesem Alter absolut legitim und vollkommen normal, aber es überfordert. Und Jugendliche, die den nötigen Halt in ihrem Leben nicht spüren, suchen in ihrer Not einen Weg, sich wieder mehr wahrnehmen zu können, weil alles taub wird, wenn man vor lauter Gedanken und Emotionen die Macht über das Hier und Jetzt zu verlieren scheint. Leider sieht dieser Weg im heimischen Kinderzimmer manchmal wesentlich dunkler aus, als es sich Eltern mit wenig Einblick in die Köpfe ihrer Kinder vorstellen können.

Jugendliche brauchen in dieser turbulenten Zeit einen sicheren Hafen, Raum für offene Gespräche ohne unangebrachte Beurteilungen. Aufklärung, Fürsorge, Verständnis und offene Kommunikation sind meiner Meinung nach die wichtigsten Grundpfeiler während dieser Episode. Meine Eltern gaben mir viele Freiheiten in Bezug auf die Dinge, die ich "durfte" (damit meine ich, wie lange ich abends unterwegs sein durfte oder wie oft ich z.B. bei meinen Freund*innen übernachtete). Für diese Freiheiten bin ich noch heute dankbar, da ich in den Elternhäusern meiner Clique ganz andere Regeln/Verbote vorfand. Bei mir gab es kaum Regeln und ebenso wenige Verbote. Heute glaube ich allerdings, dass ein paar Regeln oder mehr Interesse mir gutgetan und mich nicht so allein hätten fühlen lassen. Aber wie man es als Elternteil macht, ist's falsch. Einen absolut "richtigen" Weg gibt es meiner Meinung nach nicht. "Regeln" sind für mich an dieser Stelle übrigens das falsche Wort, um all das besser zu betiteln. "Halt" - das ist glaube ich die richtige Umschreibung für das, was dir ein Zuhause geben sollte.

Allein, allein.

Mit meiner Therapeutin habe ich inzwischen meine Gedanken zum Thema Familie und Freunde mehrfach durchgekaut. Und jedes Mal hat das für mich mehr Raum geschaffen, mich und meine Handlungen von damals besser zu reflektieren.

Ich bin mit 17 Jahren mit Hilfe des Jugendamtes zuhause ausgezogen. Damit habe ich meiner Familie auf eine Weise erst einmal den Rücken gekehrt. Heute denke ich, dass ich dadurch für mich wertvollen Abstand gewonnen und außerdem die Verbindung zurück zu meiner Schwester gefunden habe. Also habe ich meiner Familie nicht nur den Rücken gekehrt, sondern mich ihr ebenso erneut zugewandt. Für mich ist es immer wieder wahnsinnig, wie viele Facetten unsere Handlungen haben können. Egal, ob sie geplant oder frei Schnauze geschehen.

Durch meinen Auszug schaffte ich einen für mich sehr wichtigen Schritt in Richtung Selbstbestimmung. Selbstständig war ich schon vorher gewesen, aber durch die eigene Wohnung erschuf ich noch mehr Raum für meinen weiteren Weg, den ich ganz auf meine Art beschreiten wollte - fernab von jeglichem Drama. Als Felsen in der Brandung würde ich damals meinen Freundeskreis und meinen Dad benennen. Ohne die Hilfe meines Stiefvaters und meiner Mutter hätte ich die Kaution nie aufbringen können - daher bin ich auch ihnen sehr dankbar für diese Unterstützung in der damaligen Zeit. Ich denke, wir drei haben damals schnell erkannt, dass uns die Trennung guttun würde.

Bei all dem fühlte ich mich trotzdem oft allein. Ich befand mich zu diesem Zeitpunkt in einer ziemlich ungesunden Partnerschaft, die bald ein Ende fand, und begann meine Ausbildung, deren Umstände alles andere als optimal waren. Ich hatte unfassbar wenig Geld zur Verfügung, die Arbeit forderte mich mit für eine Lehrstelle ziemlich ungünstigen Voraussetzungen heraus und ich übernahm von nun an auch noch die alleinige Verantwortung für meine damalige Hündin Blecky. All das war viel. Dass ich schon während meiner Jugend ab einem Alter von ungefähr 13 Jahren mit Depressionen zu kämpfen hatte, erleichterte mir diesen Start in den eigenen vier Wänden auch nicht unbedingt. Mir war damals nicht klar, dass ich mir hätte wesentlich mehr Hilfe suchen müssen. Mein Dad ging mit mir einkaufen, wenn ich nichts mehr zu Essen in den Schränken und kein Geld mehr hatte. Meine Schwester war jederzeit ansprechbar und auch meine Freunde hätten mir sicherlich geholfen, wenn ich um weitere Unterstützung gebeten hätte. Aber ich tat es nicht. Vielleicht, weil ich - typisch Steinbock - ziemlich stur bin und es unbedingt allein schaffen wollte. Vielleicht, weil ich einfach nicht wusste, was ich überhaupt gebraucht hätte? Vielleicht auch, weil ich dachte, dass es normal wäre, sich so zu fühlen?

Ein Neubeginn, ein Ankommen

Mit 18 Jahren, in all dem inneren und äußeren Trubel meines Lebens, traf ich dann auf Joss. Absolut unerwartet und doch war es Liebe auf den ersten Blick. Schnulzig, nicht wahr? Und das war es wirklich. Mit zuckersüßen ersten Dates und ganz vielen Schmetterlingen im Bauch.

Und damit komme ich zu dem eigentlichen Thema dieses Kapitels zurück: Familie. Mit Joss begann sich mein Blick auf das Thema erneut zu wandeln. Von nun an fand ich nicht nur Halt bei wenigen Familienmitgliedern und vor allem bei meinen Freunden, nein, jetzt spielte vor allem Joss eine sehr entscheidende Rolle in diesem Kontext. Das war ein ganz neuer Lebensabschnitt und durch diese neue Partnerschaft fand ich auch ein Stück weit zurück in den Kreis meiner Familie, aus dem ich mich weitestgehend zurückgezogen hatte. Heute mache ich das daran fest, dass Joss mir damals den nötigen "Wohlfühlfaktor" verliehen hat, um mich wieder zu öffnen. Das änderte nichts daran, dass ich mich trotzdem nie wirklich zugehörig fühlte, aber der Umgang wurde etwas leichter. Ich kam durch meine nun eigene Familie nicht nur in meiner Wohnung mehr an, sondern auch sonst in meinem Leben. Das sorgte in mir für mehr Selbstbewusstsein und ich war so hungrig darauf, den Weg von nun an nicht mehr allein zu gehen.

Allerdings fühlte ich mich während Familienfeiern trotz dessen weiterhin fehl am Platz. Mir ist es ein großes Anliegen dir hier Folgendes mit auf den Weg zu geben:

"Gehe nirgends auf Krampf hin, nur um es den anderen recht zu machen!"

Ich habe **so viele** Jahre den Fehler begangen und bin zu Familienfeiern jeglicher Art oder auch Geburtstagsfeiern von Freunden gegangen, obwohl ich eigentlich keine Lust hatte und mich oftmals - was noch viel wichtiger ist - nicht wohlgefühlt habe. Wie irrsinnig ist das bitte? Lasst uns damit aufhören, sofort!

Natürlich gibt es Dinge, zu denen wir auf die eine oder andere Weise "gezwungen" werden. Wer zum Beispiel sein Geld auf ehrliche Art verdienen möchte, wird nicht drum herum kommen, arbeiten zu gehen. Wenn dir deine Arbeit aber grundsätzlich keine Freude bereitet (jeder hat mal einen schlechten Tag oder muss eine Aufgabe erledigen, die weniger Spaß macht), dann kündige! Hast du keine Lust zu einem Geburtstag zu gehen, weil du lieber für dich allein auf der Couch liegen möchtest, dann sei ehrlich zu deinen Freunden! Und wenn du halt einfach keine Lust hast, mit der Verwandtschaft an einem Tisch zu hocken, weil es jedes Mal die gleichen Themen sind, die besprochen werden oder du ganz einfach lieber woanders sein möchtest, dann halt dich von diesen Feiern fern!

Wir sind mächtig. Wir haben weder die Macht, das Wetter, das Universum noch die Anzahl der Jahre, die wir auf diesem Planeten verbringen werden, zu beeinflussen; aber du hast die Macht, das zu tun, was dich glücklich macht und dich nur in Situationen zu begeben, die dir ein gutes Gefühl geben.

Es lässt sich so leicht niederschreiben, doch ich weiß, dass es nicht immer leicht ist, diese "Macht" auch zu nutzen und für sich selbst einzustehen. Ich habe Jahre gebraucht, um das zu lernen. Mich hat es wesentlich mehr Überwindung gekostet, guten Freunden ehrlich zu sagen, dass ich mich nicht nach einer Party fühle, als meiner Familie zu sagen, dass ich nicht an dem gemeinsamen Familienurlaub teilnehmen werde. Das hat den Hintergrund, dass ich weiß, wie unwohl ich mich während eines Urlaubes fühlen würde, aber es für die Menschen keinen Weltuntergang bedeuten würde, wenn ich nicht daran teilnehmen würde (vor allem, weil es keinem der Beteiligten Freude machen würde mich mies gelaunt dabei zu haben). Allerdings weiß und schätze ich die Tatsache, wie gerne meine Freunde mich bei ihrem Geburtstag dabei hätten - selbst dann, wenn ich dabei mal schlechte Laune haben würde. Sie würden akzeptieren und verstehen, wenn ich z.B. müde wäre. Und es ist so schön zu wissen, dass ich so oder so immer willkommen bin und sie einfach ihren Tag mit mir teilen möchten. Daher fällt es mir bei meinen Freunden natürlich wesentlich schwerer zu kommunizieren, dass es mir nicht guttun würde, mich an diesem oder jenem Tag auf eine Feier zu begeben. Aber es ist wichtig, sehr wichtig, dass wir anfangen, auf uns zu hören. Auf das, was uns ein gutes Gefühl gibt.

Es gibt Situationen, in denen es durchaus sinnvoll ist, sich aus seiner "Komfortzone" heraus zu begeben, offen für Neues zu sein - was, wie du weißt, derzeit auch mein Lebensmotto ausmacht. Ich möchte es nicht schlecht reden etwas auszuprobieren oder erneut zu testen, was einem zunächst kein so wohliges Gefühl gegeben hat. Chancen das zu tun, darf und sollte man immer wieder wahrnehmen. Denn, auch ich war überrascht, als ich mich auf einem Elektrofestival wohl gefühlt und wirklich großen Spaß hatte. Dieses "Risiko" wäre ich früher nicht eingegangen. Aber das ist der Punkt: das war meine Entscheidung. Ich habe entschieden, dass ich mich auf diese Erfahrung einlassen möchte! Niemand hat mir gesagt, dass ich es tun "muss, weil es sich eben so gehört". Denn diesen Satz höre ich oftmals, wenn es um ein Familienfest oder ähnliches geht und ich habe es langsam satt, ihn zu hören.

Ganz einfache Frage, die dich vielleicht zu ein paar weiteren Gedanken zu der Thematik anregen könnte: Wenn du weißt, dass du dich auf einer Feier nicht wohlfühlen würdest und es wäre einer der letzten, wenigen verbleibenden Tage deines Lebens - würdest du hingehen?

Heute bin ich dankbar, dass ich zu den Menschen eine familiäre Verbindung pflege, die mir guttun. Insbesondere, dass ich inzwischen eine so enge Bindung zu meiner Schwester habe, gibt mir immer wieder ein warmes Gefühl von Verbundenheit. Da das nicht immer der Fall war, können wir beide diese Verbindung nun noch mehr wertschätzen und pflegen.

Meine Familie besteht aus Verwandtschaft und Freunden. Und diese Familie nimmt mich so wie ich bin. Sie sagt mir ehrlich, wenn sie der Meinung ist, dass ich mich daneben verhalte oder gerade einen Fehler begehe. Durch diese Menschen entsteht in mir ein Gefühl, genug zu sein und niemals zu viel. Sie sind das, was eine Familie sein sollte: Ein Zuhause.

5. Zwischen Krisen und Chaos

Es ist März, ich sitze gerade an einem Teich mitten im Nirgendwo von Frankreich. Hier gibt es keinen Handyempfang und die nächste Gemeinde, Gurgy-le-Château, liegt einige Kilometer entfernt - ich komme in den Genuss von Einsamkeit pur. Der Nieselregen fällt seicht auf die Wasseroberfläche, ich habe die Seitentür des Bullis auf, um die frische Luft und das Konzert der Vögel genießen zu können. Joss unternimmt eine kleine Erkundungstour durch die Wälder, die unweit unseres Stellplatzes ihren Anfang finden. Eventuell gelingt es ihm sogar, für kurze Zeit Empfang oder Internet zu haben, um Marc zu informieren, dass alles okay ist. Ich habe nicht darüber nachgedacht, dass wir hier in einem Funkloch landen würden und möchte ungern, dass er sich Sorgen macht! So lange sitze ich hier in meine Decke eingekuschelt und bleibe fasziniert vom Schauspiel der Natur. Dabei muss ich daran denken, wie im Laufe von 2023 alles langsam Gestalt angenommen hat.

Welche Wegabzweigung ist die "richtige"?

Für jeden von uns ist es normal sich ab und zu im Leben mal zu verlaufen - unbewusst die falsche Abbiegung zu nehmen - obwohl wir es anders geplant hatten. Bei mir kam es durch die Reha zu einem ähnlichen, unerwarteten Richtungswechsel. Allerdings fühlte ich mich so, als wäre ich vorher umher geirrt, hätte es selbst gar nicht bemerkt, dass ich von meinem Pfad abgekommen war. Oder wusste ich lange Zeit vielleicht einfach nicht mehr, was mich wirklich glücklich machen würde?

Dabei muss ich klarstellen: Mein Leben vor der Entscheidung zu dieser Reise war alles andere als unglücklich! Neben der Tatsache, dass ich ohne mit der Wimper zu zucken meine Depression überspielte und jahrelang funktionierte, schuf das Leben für mich wirklich einzigartige Erinnerungen!

Mein Freundeskreis "beherbergt" wundervolle Charaktere - geprägt von Ehrlichkeit, Liebe und Tiefgründigkeit. Mein damaliger Ehemann und ich haben über 12 Jahre immer das getan, wonach uns gerade der

Sinn stand. Wir sind gereist, haben unser Leben anders gestaltet, als es eventuell von der Gesellschaft "anerkannt" ist und haben damit meiner Meinung nach wirklich alles richtig gemacht. Jeder rund um die 30 wird nachvollziehen können, was es bedeutet, wenn man als Paar seine eigenen Vorstellungen durchsetzt, obwohl das "Außen" es doch **immer** besser zu wissen meint. Heißt, dass sobald der Ablauf Hochzeit, Haus und Kinder nicht eingehalten wird, kommen unangebrachte Nachfragen von allen Seiten.

Ich schweife ab. Fakt ist, dass ich ein gutes Leben hatte. Jedoch ist mir später bewusst geworden, dass ich aus Angst oftmals nur den sicheren Weg gegangen bin. Ich habe nie wirklich viel riskiert und war bei jedermann für meine kontrollierte Art bekannt.

Je mehr ich Anfang 2023 in Richtung "Planung unserer Europareise" wanderte, desto klarer wurde mir, dass ich an einem Punkt in meinem Leben angelangt war, der mir eine große Wendung bringen würde. Weil es an der Zeit war, ohne Kompromisse auf mein Herz zu hören.

Übrigens eine Sache, die ich dir sehr empfehlen kann - das tun wir Menschen generell viel zu selten!

Am 18. Juni verkündeten wir unseren Freunden und der Familie gegenüber (ganz neumodern via WhatsApp), dass wir 2024 für sechs Monate reisen würden. Die Reaktionen waren beinahe durchweg positiv. Manch einer war zu Recht kritisch. Und spätestens als sich herausstellte, dass wir unsere Wohnung nicht untervermieten und daher komplett kündigen würden, waren einige unsicher, ob wir wirklich wussten, was wir da taten. So viel Risikobereitschaft war keiner im Umfeld von uns gewohnt und doch feierten uns viele regelrecht dafür, dass wir unseren Traum so kompromisslos verfolgten.

Während ich von meiner Art der ewigen Kontrolle immer weiter abwich und alles einfach auf mich zukommen lassen wollte, begann mein Ehemann einem Planungswahn zu verfallen. Alles musste genauestens geplant, recherchiert und überdacht werden. Für jede Eventualität musste das entsprechende Equipment her. Schnell führten diese grundverschiedenen Herangehensweisen zu der einen oder anderen Auseinandersetzung. Ich bin ziemlich sicher, dass wir in den vergangenen 12 Jahren nicht so viel diskutiert haben, wie zwischen Juni 2023 und Mai 2024. Für uns beide war diese Zeit aufgrund unserer Trennung, zu der wir uns gemeinsam in diesem Zeitraum entschieden, und vieler anderer Baustellen überaus belastend. Eben weil der Alltag neben den Vorbereitungen auf die Europareise selbstverständlich weiter seinen Lauf nahm und unser komplettes Leben gelinde gesagt in allen Bereichen "Kopf stand".

Dank Kommunikation und Rücksichtnahme haben wir diese doch schwierige Phase gemeinsam durchgestanden. Wir wuchsen gemeinsam, inzwischen "nur noch" als Freunde durch die Reise zur Reise ungemein. An dieser Stelle möchte ich betonen, wie dankbar ich Joss bin, dass wir zu keinem Zeitpunkt an der Entscheidung für die Auszeit gezweifelt haben. Für uns stand auch in der Phase unserer Trennung sehr schnell fest, dass wir die Reise trotzdem zusammen antreten würden.

Im Dezember setzte mein damaliger Ehemann dann die Kündigung unserer Wohnung auf. Und obwohl das bereits "beschlossene Sache" war, fiel uns dieser Schritt alles andere als leicht - wir fühlten uns in diesen vier Wänden die vergangenen vier Jahre so enorm wohl. Wir hatten während unserer Zeit in dieser Wohnung das erste Mal wirklich Geld für die Einrichtung in die Hand genommen, um alles nach unseren Vorstellungen zu gestalten. Und nun schrieben wir Listen, wer welches Möbelstück nach unserer Rückkehr bekommen würde - skurril, nicht wahr?

Damit begann dann auch der Endspurt Richtung April. Mit vielen To-dos im Gepäck starteten wir also in das Jahr unserer Reise - 2024 war plötzlich da. Dabei war der Entschluss zur Reise gefühlt doch eben erst gefallen!

6. Von Mordlust und Depression

Bereits der Januar war vollgepackt mit Terminen in Bezug auf unsere Auszeit. Von Impfterminen für den Hund und uns über "Probepacken", bis Aussortieren und ersten Besorgungen für den Auszug aus unserer Wohnung war alles dabei. Und es war viel - zeitweise zu viel. Wir gingen unter. Unsere Nerven barsten unter dem Druck, der generellen Anspannung und unseren eigenen Wünschen und Ansprüchen. Unsere Verbindung zueinander bekam Risse. Nach so einem turbulenten Jahr mit unfassbar vielen Veränderungen und dem Ende unserer Beziehung hatten wir eigentlich viel mehr damit zu tun, diese erst einmal zu verarbeiten. Dafür blieb allerdings kaum Zeit.

Also bündelten wir immer wieder unseren Fokus auf unseren Traum und den Weg dorthin. Und selbstverständlich gaben wir nebenher auch unser Bestes, den anderen zwischen Diskussionen und Zeitmangel nicht umbringen zu wollen. Beispielsweise stritten wir darüber, was wirklich essenziell für die Reise ist und welche Dinge nur unnötige Last darstellen würden. Über unsere Art der Kommunikation und den Umgang miteinander waren wir immer sehr glücklich gewesen - zu dieser Zeit fiel es uns sehr schwer, diese Punkte aufrechtzuerhalten. Manchmal verloren wir uns aus den Augen, verletzten den anderen oder stellten die gemeinsame Reise plötzlich doch infrage. Einen Tag vor unserer Abreise kam es dann zu einem Vorfall während des Einrichtens des Bullis: Wir sagten uns gegenseitig so fiese Dinge, dass wir im Nachgang zweifelnd nebeneinander auf dem Boden unserer leeren Wohnung saßen. Und trotzdem fanden wir uns schließlich als Team wieder - worauf wir meiner Meinung nach unsagbar stolz sein können!

Du kannst dir vielleicht nicht vorstellen, was es bedeutet, nicht um - sondern erst einmal einfach nur **aus**zuziehen. All unser Hab und Gut landete in Kartons. Über Wochen lebten wir aus diesen, da man viele Sachen weiterhin für den Alltag braucht. Wir mussten also genauesten abwägen, was zu welchem Zeitpunkt in welchem Karton landete und natürlich gelang uns das nicht immer - regelmäßiges Herumwühlen lag also an der Tagesordnung.

Lernen, Hilfe anzunehmen

Wie bereits erwähnt, hatte ich von Dezember bis Ende Januar eine sehr kräftezehrende depressive Episode. Mitte November begann ich Antidepressiva einzunehmen - das erste Mal in meinem Leben. Damit nahm ich auch das erste Mal "Hilfe" in Form eines Medikaments an - ein sehr großer Schritt für mich! Und so hoffte ich natürlich sehr auf dessen Wirkung. Doch diese ließ auf sich warten (was nebenbei erwähnt vollkommen normal ist, da im Körper zunächst ein entsprechender Spiegel des Medikaments aufgebaut werden muss). Natürlich machte mir das Wissen die Warterei nicht leichter. Für alle, die bisher (zum Glück) keine Berührungspunkte mit Depressionen hatten: Ein Antidepressivum ist kein Zaubermittel und wird nicht dafür sorgen, dass die Symptome verschwinden. Aber es kann ein kleines Hilfsmittel an deiner Seite sein, welches dir etwas Entlastung schaffen kann und in deinem Körper Prozesse anstößt, die auf deine allgemeine Stimmung aufhellend wirken können oder dir mehr Energie verleihen. Dir von einem Spezialisten helfen zu lassen, wenn du diese Krankheit mit dir herumschleppst, ist ein wirklich wichtiger Schritt und kein Anlass, sich zu schämen!

Die Dunkelheit in mir

Wenn ich in einer depressiven Episode stecke, wird meine Welt kühl - fast, als würde ich eine Treppe hinunter in einen Keller gehen (denkst du da auch sofort an diesen Geruch von feuchten Wänden? Passt ganz gut). Ich empfinde dann kaum Emotionen und fühle mich wie abgeschottet von allem anderen. Quasi wie in einer Blase. Ich sehe sehr wohl, dass dort im "Außen" Farben leuchten, die Sonne scheint und die Welt sich dreht, dass es dort so viel Schönes zu entdecken gibt. Dabei stecke ich in einem ganz persönlichen Dilemma zwischen einer für mich sehr dunklen Welt, die mich langsam einzuholen scheint, mich in die Tiefe zieht - in die dunkle Kälte und mitten im Alltag, in dem ich funktioniere - als wäre nichts. Und eines muss ich auch ansprechen, was nicht für jeden Depressiven der Fall sein wird: Ich bin ein großer Fan von Melancholie, ich genieße das Gefühl dieser regelrecht. Meine Krankheit lädt mich allerdings ein, darin zu baden oder viel mehr zu ertrinken. Und den Absprung zu schaffen von philosophischer Melancholie zu tiefer Depression - das fällt unglaublich schwer.

Wie du wahrscheinlich merkst oder sogar aus eigener Erfahrung wissen wirst: Eine Depression fühlt sich für jeden Menschen anders an. Es gibt aber oftmals "Überschneidungen", wenn Betroffene versuchen, die eigene Situation näher zu beschreiben. Torsten Sträter hat dazu mal ein paar sehr zutreffende Worte verfasst, wie er seine Depression einer nahestehenden Person erklären würde - diese möchte ich hier gerne mit dir teilen. Vielleicht helfen sie dir, wenn du selbst nicht betroffen bist, jedoch jemanden mit dieser Krankheit kennst, einen besseren Umgang mit diesem Menschen zu entwickeln.

"Weil du mir viel bedeutest, sag ich dir, wie es mir geht:

Ich habe Depressionen; das fühlt sich an, als ginge ich durch nassen Sand, hüfthoch, jeder Tag ist gleichzeitig Berg und Tal, ein unüberwindlicher Abstieg. Ich weiß noch, was Freude ist, nur fühlen kann ich sie momentan nicht. Ich bin wie ein leeres Zimmer, durch das ein Wind weht, der alles betäubt und ich habe Gedanken, die so schwer sind, als würde ich bergauf rudern. Und alles in meinem Kopf ist zugestellt mit Wozus?
Ich muss meinen Wert jeden Tag neu schätzen. Was du Alltag nennst, sieht für mich wie eine Mauer aus. Und ich schäme mich, ohne Grund, das weiß ich. Aber auch dafür schäme ich mich, ohne Grund. Vermutlich ist das alles für dich schwer nachzuvollziehen und darüber bin ich froh. Das bedeutet, dass es dir gut geht, und darüber bin ich froh. Und sicher: Es gibt immer Hoffnung.

Aber ich könnte Hilfe gebrauchen.
Denn da muss ich jetzt durch.
Kommst du mit?"

-Torsten Sträter

Oftmals reagiert die Gesellschaft mit Unverständnis oder Ignoranz - jeder bleibt bei sich. Insbesondere im Kreise der Familie und bei Freunden, aber auch auf der Arbeit sollten wir auf unsere Mitmenschen achten! Lasst uns mehr aufeinander Rücksicht nehmen. Lasst uns genauer hinschauen, Verständnis und Hilfsbereitschaft zeigen. Lasst uns einander zuhören, statt wegzusehen!

Da Scham oder/und Angst aber immer einen Platz im Leben eines Depressiven einnimmt, neigen viele von uns dazu zu verstummen. Wir sind wahre Künstler darin, zu verbergen und üben uns oftmals viel eher darin, die Person zu sein, die eben immer gut drauf ist und ein Lächeln auf den Lippen trägt. Der Grund dafür liegt in der Absurdität, dass wir weder einen anderen Menschen belasten wollen noch selbst daran glauben, dass wir es wert wären, Aufmerksamkeit für unsere Sorgen zu erhalten. Ich spreche hier aus Sicht der Depressiven, mit denen ich über ihre Gedanken und Erfahrungen gesprochen habe. Aber jeder von uns ist individuell und Depressionen haben unendlich viele verschiedene Gesichter.

Es runterzuschlucken und den inneren Kampf lieber alleine zu kämpfen, ist für die meisten von uns daher Alltag. Wir denken, dass wir funktionieren müssen - auf Teufel komm raus! Und das ist so falsch und traurig, aufgrund fehlender Sensibilisierung aber leider auch verständlich.

Auch ich gebe zu, dass ich weiterhin mit meiner Scham umherlaufe. Kaum einer meiner Arbeitskollegen weiß zum jetzigen Zeitpunkt, dass ich psychisch krank bin. Einige mögen es vielleicht inzwischen ahnen, aber offen darüber sprechen tue ich nur mit Vertrauenspersonen. Ich möchte das ändern. Insbesondere in meinem Freundeskreis habe ich das seit der Reha endlich geschafft! Alle wissen Bescheid und das fühlt sich so verdammt gut an. Denn ich weiß, dass diese Menschen hinter mir stehen. Auch dann, wenn sie meine Situation nicht nachvollziehen können - sie wollen mir eine Stütze sein. Und erst durch die Menschen aus der Klinik habe ich erkannt, wie wichtig es für mich war, zu verstehen, dass ich nicht allein bin. Denn so fühlen Betroffene sich, so fühle ich mich in meiner Dunkelheit. Und seitdem ich verstanden habe, dass man eben nicht allein in der Situation, noch mit seiner Krankheit ist, ändert das natürlich nichts daran, wie ich mich in meinem "Keller" fühle, aber z. B.

durch nahestehende Menschen daran erinnert zu werden, dass sie da sind, lässt einen die Last weniger einsam tragen.

Der im Zuge der Krankheit oftmals kaum vorhandene Selbstwert und der dafür umso ausgeprägte innere Kritiker machen mich zu einer Gefangenen meiner eigenen Gedanken. Wenn man logisch vorgeht und hinterfragt, was man da denkt, wird einem schnell bewusst, wie realitätsfern diese Abläufe und Glaubenssätze im eigenen Kopf sind. Das große Problem ist nur, dass Betroffene, während sie tief im "Gedankenkarussell" stecken, nicht imstande sind, diesen klaren, logischen Gedanken zu fassen. Und falls doch, dann glauben sie ihn eben einfach nicht.

Und welches Trauma trägst du in dir?

Ich würde mich als ziemlich reflektierten Menschen beschreiben. Auch meine Therapeutin hat mir das schon mehrmals betätigt, als ich selbst daran zweifelte. Die Selbstreflexion hilft während einer depressiven Phase meiner Meinung nach sehr, aber sie ist anstrengender, weil man sich immer wieder in Frage stellt. Trotzdem ist sie ein wichtiges Tool, um an vorhandenen Glaubenssätzen zu rütteln.

Während meiner Reha war ich Teil einer Gruppentherapie für junge Erwachsene (da bin ich mit meinen damals 29 Jahren gerade noch so mit reingerutscht). Dafür bin ich sehr dankbar, da mir diese in Bezug auf meine Traumata die Augen geöffnet hat. Außerdem machte sie deutlich, dass nicht alles gut ist, nur weil man sich wünscht, dass es das sei. Vor allem nicht jeder Mensch in deinem Umfeld ist es. Besonders diese Tatsache wirklich zu verstehen, hat mich während der Zeit in der Reha viel Kraft gekostet, da man sich manches einfach ungern eingesteht - selbst, wenn man es bereits vorab im Stillen geahnt hat.

Auch wurde mir vor Ort langsam klar, wie sehr ich mir selbst in den vergangenen vielen Jahren etwas vorgespielt habe, indem ich nicht wahrhaben wollte, dass ich depressiv bin und mich für stark gehalten habe, weil ich es "im Griff" hatte. Dass die wahre Stärke letztendlich darin besteht, sich mit dieser Krankheit auseinanderzusetzen, um zu heilen, verstand ich erst Schritt für Schritt. Dass es vor allem keine Lösung ist, seine "Dämonen" zu ignorieren, da sie dich in jedem Fall dann sowieso für den

Rest deines Lebens - mal mehr, mal weniger offensiv - weiter verfolgen werden. Wenn du dich hingegen dem stellst, was zunächst sehr unangenehm aussieht (und es im Endeffekt auch absolut sein wird - da möchte ich nichts schönreden), gibst du dir selbst die Möglichkeit zu heilen oder im Falle einer Verhaltenstherapie nachhaltig etwas zu ändern, um dir selbst zu helfen. Was für mich im Umkehrschluss allerdings nicht bedeutet, dass ich irgendwann rein gar nicht mehr gefährdet sein werde, stärker in eine Depression zu fallen oder gar von dieser "geheilt" sein werde. Meiner Ansicht nach geht es vielmehr darum, den Umgang mit ihr zu lernen und die richtigen Werkzeuge zum entscheidenden Augenblick anzuwenden. Denn ich persönlich sehe nicht nur Negatives in meiner Depression. Ich vertrete die Meinung, dass sie einen nicht nur Kraft kostet, sondern auch auf eine Art und Weise mit Eigenschaften "beschenkt".

Während eines Seminars in der Klinik wurden wir Patienten ebenfalls darüber aufgeklärt, dass Menschen mit Depressionen zum Beispiel wesentlich empathischer seien im Vergleich zu nicht betroffenen Menschen. Ich bin feinfühlig im Umgang mit meinen Mitmenschen, versuche nicht vorschnell zu urteilen, da ich selbst bestens weiß, dass man einem Menschen niemals hinter die Stirn schauen kann. Und auch, dass selbst wenn ein Mensch von außen betrachtet glücklich scheint, das absolut nichts über seinen wahren Gemütszustand aussagen muss. Wie bereits oben beschrieben, sind insbesondere Depressive sehr gut im Schauspielern. Doch genauso sollten wir jedem Menschen, ob krank oder nicht krank, offen entgegentreten. Wir wissen nicht, welche Sorgen diesen gerade bewegen, wie dessen Tag bisher war oder ob dessen Laune gerade im Keller ist, weil er zum Beispiel einfach hungrig ist! Insbesondere Joss wird beim Lesen dieser Zeilen schmunzeln müssen. Er wurde in der Vergangenheit nämlich zu einem unkontrollierbaren Monster, wenn er hungrig war!

Mein Appell an dich: Sei offen, sei freundlich und urteile nicht vorschnell - dass das nicht immer leicht ist, ist mir sehr wohl bewusst, aber es ist den Versuch meines Erachtens immer wert!

Ein Roadtrip durch Frankreich

Heute schreibe ich dir von Amboise, einer Stadt östlich von Tours. Ich möchte dich nicht nur an der Dunkelheit in meinem Kopf, sondern natürlich auch an meiner Reise durch die vielfältigen Landschaften teilhaben lassen, die ich während der Fahrt mit dem Bulli besonders in mich aufnehmen darf.

Unsere Fahrt von Gurgy-le-Château führte vor allem um Mautstraßen zu umfahren durch verträumte kleine Dörfer mit engen Gassen und vorbei an herrlich duftenden Rapsfeldern, die Joss und mir durch ihr strahlendes Gelb ein wenig Licht in die bis dahin sonst so tristen Wetterverhältnisse zauberten. Durch den Regen der letzten Tage war es in Teilen von Frankreich zu Überschwemmungen gekommen. Einige Straßen waren deshalb nicht mehr passierbar und wir mussten den einen oder anderen Umweg auf uns nehmen, um unser Tagesziel nach über vier Stunden Fahrt zu erreichen.

Auf dem Weg durften wir feststellen, dass die Temperaturen für diesen Tag ausnahmsweise das erste Mal auf über 20 °C anstiegen. Weil wir nicht wussten, wie lange diese angenehmen Temperaturen anhalten würden, legten wir eine Pause zwischen den Feldern ein. Joss überquerte die Landstraße, an der wir gehalten hatten, um den Bauern nach Wasser zu fragen - mit Erfolg! Mit vollem Wasserkanister kehrte er zu unserem kleinen Pausenlager zurück. Derweil hatte ich die Zeit genutzt, auf der sattgrünen Wiese eine Runde Yoga für mich zu üben und meine negativen Gedankenschleifen beiseite zu schieben.

Unser Abendessen genossen wir in einem kleinen Restaurant direkt am Fluss Le Cher im Ort Montrichard-Val-de-Cher. Auf dem Weg dorthin bot sich uns ein fantastischer Blick auf den rosaroten Sonnenuntergang über dem Fluss. Der Wein war der erste unserer Reise und wirklich hervorragend - damit fanden wir einen schönen Tagesabschluss! Für die Nacht haben wir einen Stellplatz mitten im Wald ausgesucht und am Morgen darauf durfte ich uns frischen Kaffee kochen. Genau so hatte ich mir das vorgestellt: frei von jedem Zeitdruck, unter freiem Himmel und mit der Möglichkeit, von Moment zu Moment ganz neu entscheiden zu dürfen!

Wenn es doch möglich wäre, in sechs Monaten so unglaublich viel von der gesamten Welt zu sehen, wieso haben wir uns "nur" Europa vorgenommen?

Tatsächlich stand dies für uns sehr schnell fest. Der Gedanke, im Bulli herum zu reisen und damit unser Zuhause immer dabei zu haben, sprach uns wesentlich mehr an, als mit dem Flugzeug unterwegs zu sein. Außerdem war uns völlig klar, dass wir mit unserer Hündin Azura unterwegs sein wollen würden - daher war die Reise mit Hilfe des Bullis wirklich die naheliegendste.

Das bedeutet weder, dass ich mir in Zukunft nicht gerne Länder außerhalb von Europa ansehen möchte, noch, dass ich es nicht nachvollziehen kann, wenn jemand anderes mit sechs Monaten Freizeit unbedingt mehr als unsere Bullireise durch Europa anstreben möchte!

Für mich bedeutet das Leben, so wie wir es in diesem Moment leben, vor allem eines: Freiheit. Und davon könnte ich in diesem Moment gar nicht genug bekommen! Während ich diese Zeilen schreibe, sitze ich direkt an der Promenade des Strandes Plage d'Anglet, wir haben über 20 °C, ich sehe und höre die Wellen direkt vor mir toben und könnte mich trotzdem sofort hinter das Lenkrad setzen und mir ein anderes Plätzchen suchen.

Zwischen Schichtdienst und Burnout

Die vergangenen Jahre waren für mich, als jemand, der vor der Reise im Schichtdienst am Flughafen von Hamburg gearbeitet hat, vor allem geprägt durch den reinen Alltag. Gedanken wie beispielsweise: "OK. Ich muss um 13:45 Uhr zum Spätdienst aufbrechen. Vorher sollte ich vorkochen, der Hund muss raus und eigentlich wollte ich gerne Sport machen und auch noch eine Freundin treffen" lagen an der Tagesordnung. Und natürlich mussten genauso Arzttermine sowie ein mir wichtiger regelmäßiger Besuch meiner Oma mit eingeplant werden. Und da haben wir das liebe Wort schon, welches mich in den letzten Jahren immer mehr in den Wahnsinn getrieben hat: Planung. Verstehe mich nicht falsch. Jeder, der mich gut kennt, wird dir sagen, dass ich sehr organisiert bin und nur ungern die Kontrolle über etwas abgebe. Vielleicht ist mir meine eigene Eigenschaft irgendwann zuwider geworden?

Während der ersten Sitzungen bei meiner Therapeutin sagte sie mir, dass ich neben der grundsätzlich vorliegenden Depression auch einen Burnout habe. Ehrlicherweise kam diese Diagnose für mich wenig überraschend und doch fühlte ich mich meistens weniger ausgebrannt, als einfach nur gefangen. Gefangen in dem Alltag, den ich mir schließlich zu einem Großteil selbst ausgesucht hatte. Ich fragte meine Therapeutin, was ich ändern solle und sie riet mir in erster Linie dazu, meine Arbeitszeiten anzupassen. Das ist in meinem Beruf allerdings nicht mal eben umsetzbar und ich sah förmlich, wie sich allein durch diesen Gedanken eine riesige Wand der Herausforderung vor mir aufbaute. Denn sie sagte mir schon vor meinem Entschluss zu der Reise, dass ich so nicht weiter machen könne - allerdings bedeutet mir mein Job ziemlich viel und ich bin mir bewusst, wie schwer es ist, eine Anstellung zu finden, bei der man selbst das Gefühl hat etwas zu bewegen und sich nebenher auch noch wohlfühlt in seinem Arbeitsumfeld. Das habe ich nämlich schon ganz anders erlebt!

Witzigerweise ist das nicht das erste Mal gewesen, dass mir eine Person, die wirklich vom Fach ist, sagte, dass ich ausgebrannt wäre. Bereits mit 18 Jahren saß ich bedingt durch die Umstände meiner Ausbildung sowie anderer Einflüsse wie ein Häufchen Elend vor meinem Hausarzt, der mir verkündete, dass der Burnout bei mir eindeutig wäre und ich mir dringend Hilfe suchen müsse. Rückblickend betrachtet, hätte ich in erster Linie dringend Hilfe gebraucht, **um** mir Hilfe zu suchen! Ich glaube, dass viele psychisch kranke Menschen Hilfe dabei benötigen, diese allerdings nicht erhalten oder in einem Zustand sind, in dem sie nicht einmal die Kraft/Motivation aufbringen können, um danach zu fragen. Wie bereits beschrieben, spielt eben auch die Scham eine große Rolle. Insbesondere dann, wenn man sich als junger Mensch nicht mit der Krankheit auskennt und daher zu recht mit der Gesamtsituation überfordert ist. Und das war ich mit 18 Jahren. Denn ich war im wirklichen Sinne der Diagnose: Komplett ausgebrannt.

Ich bin dankbar, dass meine Mutter mich damals "noch einmal" daheim aufgenommen hat, obwohl ich zu diesem Zeitpunkt schon meine eigene Wohnung hatte. Ich hatte danach gefragt, da ich in meinem Zustand nebenher zusätzlich mit einer schweren Bronchitis zu kämpfen hatte und mich nicht mehr in der Lage fühlte, für mich selbst zu sorgen. Allerdings sollte es über zehn Jahre dauern, bis ich schließlich endlich mit einer Therapie beginnen würde.

Als ich also durch die Reha und dank meiner Therapeutin Schritt für Schritt immer mehr zu der Erkenntnis kam, dass vor allem das Laufrad des Alltags mir am meisten Energie entzog und meine psychische Erkrankung weiter anstachelte, klopfte der lang gehegte Traum vom Reisen immer lauter an. Und ich wusste, dass mir ein Abenteuer, bei dem man das meiste Materielle hinter sich lässt, genau das geben würde, was ich brauchte, um Freiheit schnuppern zu dürfen und den Alltag hinter mir zu lassen.

Du wirst dir vorstellen können, dass so ein VW Bulli weder kostengünstig in der Anschaffung noch in Bezug auf den Umbau ist. Zu Beginn überlegten wir zeitweise sogar **nur** mit Rucksack zu reisen. Aber allein wegen Azura war dieser Einfall schnell vom Tisch. Mein Freund Marc, mit dem ich damals frisch zusammen war, machte uns plötzlich das Angebot, dass wir doch seinen Transporter nehmen könnten. Zunächst war ich davon überwältigt. Erst einmal, weil er selbst den Großteil der Reise nicht mit von der Partie sein würde und dann, weil es nun einmal **sein**

Bulli war, den er völlig selbstlos an Joss und mich ausleihen wollte. Wir dachten darüber nach und waren uns sehr schnell einig, dass das eine fabelhafte Idee sei. Also haben Marc und ich kurz vor Beginn der Tour die Autos getauscht: Er bekam meinen geliebten Seat und ich seinen (ebenso geliebten) VW Bulli. Auch hier möchte ich noch einmal die Möglichkeit nutzen und meine Dankbarkeit dafür aussprechen, denn ich bin mir bewusst, dass diese Möglichkeit alles andere als selbstverständlich ist!

Um Europa zu bereisen, benötigten wir also erst einmal ziemlich viele Informationen sowie reichlich Überlegungen, wie der Bulli einzurichten sei und was man während bzw. zur Vorbereitung auf die Reise keineswegs vergessen dürfte. Zumindest Joss war der Meinung, dass wir das alles **unbedingt** benötigten. Ich wollte diese ganzen Sachen derweil nämlich so entspannt wie nur möglich angehen. Eben ohne die inzwischen mir so leid gewordene Planung. Aber ganz ohne diese ist es eben auch nicht machbar - das musste ich schnell einsehen. Dass mein Reisegefährte von nun an allerdings nur noch über eine Planungsapp mit mir kommunizierte, brachte mich zu dem Zeitpunkt nicht unbedingt zum Schmunzeln - heute kann ich das aber durchaus.

Du musst nämlich wissen, dass Joss und ich zu Beginn unserer Beziehung nicht unterschiedlicher hätten sein können: ich eher schüchtern, dafür sehr organisiert. Er, die kontaktfreudigste Person, die ich bis dahin kennenlernen durfte, dafür rund um das Thema Planung eher etwas neben der Spur. Und so wird es ein Leichtes für dich sein, dir auszumalen, wer sich über die Jahre eher für terminliche Angelegenheiten und ähnliches zuständig gefühlt hat. Allerdings war ich, wie bereits erwähnt, nach der Reha ziemlich ausgewechselt in Bezug auf diese Charaktereigenschaft. Außerdem lähmte mich meine Depression zu dieser Zeit sehr oft - ich fand für kaum etwas Antrieb. Insbesondere nicht für zusätzliche Anstrengungen neben dem Alltag. Und so kam es, dass Joss das Steuer rund um die Reise übernahm. Und auch wenn er mir zeitweise gewaltig auf die Nerven gegangen ist, bin ich ihm dafür sehr dankbar.

Man sollte nämlich nicht nur grob wissen, was man an Equipment und Ausstattung im Wagen braucht, auch gilt es, sich darüber zu informieren, welche Impfungen für die Einreise in die verschiedenen Länder für uns sowie Azura empfohlen oder sogar verpflichtend sind. Europa scheint klein, aber die Punkte, die bei einer Durchreise der verschiedenen Länder zu beachten sind, lassen einen schnell den Überblick verlieren. Also: Listen über Listen, und von einem To-Do zum nächsten.

Und eines war uns ebenso wichtig als "must-do" auf der Liste zu haben. Für uns war nämlich im Zuge der Planung schnell klar, dass wir einen Teil des Jakobswegs gehen werden. Aber dazu komme ich später.

Wir haben den 18. April und ich sitze in einem Starbucks in Santander, Spanien. Mein Wunsch wäre es, in diesem Moment voller Freude und Dankbarkeit über die vergangenen 18 Tage vor mich hin zu summen und in den Tag hinein zu leben - so, wie ich es mir vorgestellt hatte. Stattdessen empfinde ich oftmals nur Trauer oder nichts. Es geht meistens nur darum, welches To-Do als nächstes auf dem Programm steht: ob ein Waschcenter finden, Lebensmittel besorgen oder den nächsten Stellplatz suchen. Dinge, die einem im Alltag leicht von der Hand gehen, weil man direkten Zugriff auf eine Waschmaschine und den Wasserhahn sowie einen Kühlschrank hat. Außerdem entsteht häufig Spannung zwischen uns, die Disharmonie ist täglich mit von der Partie und diese versuche ich derzeit irgendwie anzunehmen. Das alles hatte ich mir anders vorgestellt.

Oder sollte der erste Monat "nur" zum Ankommen da sein? Wäre das nicht ziemlich viel "verschwendete" Zeit oder bin ich zu ungeduldig mit uns? Ich bin ratlos, verwirrt und empfinde vor allem eines nicht: Frieden. Joss und ich haben eine wirklich gute Kommunikation und finden auch trotz hitziger Diskussionen immer wieder zueinander. Nichtsdestotrotz nagt diese Zeit an mir. Denn schon vor unserem Aufbruch waren die Umstände alles andere als leicht. Ich hatte mir doch so gewünscht, dass sich das mit dem Beginn der Reise auflöst. Und meine Hoffnung wurde zum Teil sogar wahr: Joss ist wesentlich entspannter und wir lachen wieder mehr. Vielleicht brauchen wir genau diese Zeit, um uns zu akklimatisieren? Allerdings ist da auch viel, was nicht mehr passt. Ich muss mir wieder einmal eingestehen, dass ich weder die Welt noch jede Harmonie retten kann. Es gehört im Leben dazu, dass es auch mal knallt - auch während einer Europareise. Insbesondere dann, wenn die jeweiligen Vorstellungen inzwischen so miteinander kollidieren, wie in unserem Fall.

Es bringt mich aus dem Takt, dass derzeit herzlich wenig so anläuft, wie ich mir das ausgemalt hatte. Allem voran macht das Wetter uns beinahe täglich einen Strich durch die Rechnung. Wir hatten bisher zwei wirklich warme Tage, an denen man im T-Shirt raus konnte. Ansonsten haben uns täglich Regen und Wind begrüßt. Nieselregen, stürmischer Regen und auch welcher, der kurze Pausen einlegte, nur um uns dann wieder nass zu machen. Ich habe seit sieben Tagen nicht geduscht. Dabei haben wir eine Outdoor-Dusche! Ich werde allerdings einen Teufel tun und mich bei 8 °C Außentemperatur und eiskaltem Wind sowie immer wieder einsetzendem Regen nackt vor den Bulli zu stellen, um mich dort mit ebenso eiskalten Wasser abzuduschen. Und glaube es mir oder nicht: In Santander ist weder eine öffentliche Dusche noch ein geöffnetes Hallenbad zu finden! Fitnessstudios möchten dir direkt eine verpflichtende Mitgliedschaft andrehen und mich in ein Hotel einzuchecken, nur um zu duschen, sehe ich gerade (zumindest noch) nicht ein.

Zusätzlich begleiten uns gerade Banalitäten wie mein nicht funktionierender Handyakku und eine Zahnfüllung von Joss, die sich anscheinend zum Teil verabschieden möchte. Jawoll - was ist denn gerade bloß los? Aber ich versuche weiterhin positiv zu bleiben, dabei fühle ich mich gerade ziemlich schwer und alles andere als optimistisch.

Joss hat heute vorgeschlagen, dass wir uns so schnell wie möglich nach Porto begeben sollten. Damit würden wir an der Westküste landen und zumindest der derzeitige Wetterbericht verspricht dort Temperaturen, die sich über 20 °C halten. Mein ursprünglicher Wunsch war es, komplett an der Küste entlang zu fahren und nicht quer durchs Land. Genau das würden wir allerdings tun, wenn wir uns morgen auf den Weg von Santander Richtung León und dann weiter nach Porto begeben würden. Ich bin hin und her gerissen, ob es die richtige Entscheidung wäre, um endlich mit besserem Wetter aufwachen zu können. Aber es wird am Ende wohl die beste Option sein.

Ein Zufall für Herz und Seele

Nachdem es mir während unseres Aufenthalts hier in Santander meistens ziemlich miserabel ging, schenkte mir die Stadt zum Abschluss allerdings eine ganz besondere Begegnung:

Bei der recht umständlichen Suche nach Trinkwasser, um unseren Vorrat aufzufüllen, landete ich schlussendlich hoch auf dem Berg der Stadt mitten im Wohngebiet. Im absoluten Halteverbot ließ ich den Bulli mit Warnblinker stehen (ich weiß - ganz böse) und machte mich mit meinem zehn Liter-Kanister auf den Weg zur Wasserstelle. Als ich das erste Behältnis gefüllt hatte und gerade mit dem nächsten angelaufen kam, stand plötzlich ein älterer Herr, weit über 60 Jahre, an dem Hahn und wusch seine Schuhe. Bei dem Anblick musste ich erst einmal schmunzeln - wer kommt denn auf so eine Idee? Aber ich möchte meinen, dass ich es mir inzwischen abgewöhnt habe direkt negativ zu urteilen, daher empfand ich die Situation eher amüsant. Als der Mann mich bemerkte, gab er mir auf Spanisch - welches ich leider nicht spreche - zu verstehen (dank ausgeprägter Gestik), dass er mir den Vortritt geben wolle. Zunächst zögerte ich, doch schließlich bedankte ich mich und füllte meinen Kanister. Währenddessen sprach der sympathische Herr fröhlich weiter mit mir spanisch.

Mit ein wenig Hin und Her konnte ich ihm schließlich zu verstehen geben, dass ich eben nichts verstand. Und wie sich im selben Moment dann auch herausstellte: so wenig, wie ich der spanischen Sprache mächtig bin, so viel verstand er auch die englische. Im Grunde standen wir also freundlich grinsend voreinander. Eigentlich eine Situation, die mir im Normalfall ziemlich unangenehm wäre, doch mit diesem Mann fühlte ich mich auf eine ganz eigene Weise verbunden. Und ich werde nie erfahren, ob er einen Blick auf das Kennzeichen des Bullis geworfen hatte oder es reine Intuition war, aber im nächsten Moment sah er mich an und fragte "Deutsch"? Mein Blick muss Bände gesprochen haben, denn der alte Mann begann sogleich in zuckersüßem, zerbröckeltem Deutsch mit mir zu reden. Das war so ziemlich das Letzte, womit ich mitten im tiefsten Wohnviertel von Santander gerechnet hatte. Ich nickte und fragte nach, warum er denn Deutsch spricht. Und er erzählte mir daraufhin, dass er 12 Jahre in Düsseldorf gearbeitet und sogar seine Frau in Deutschland kennengelernt habe. Diese war erst vor kurzem verstorben. Wie stehen wohl die Chancen, dass einem so etwas passiert? Nachdem wir uns mehrfach mit einem Händeschütteln bis über beide Ohren grinsend voneinander verabschiedet hatten, fuhr ich völlig beseelt zu unserem Parkplatz zurück.

Mir ging es zu dieser Zeit wirklich nicht gut und erst im Nachgang fiel mir auf, dass ich wegen der Sprachbarriere bis auf den Kontakt zu Joss seit Beginn des Sabbaticals kein Gespräch mehr von Angesicht zu Angesicht mit einer anderen Person geführt hatte. Erst nach der Begegnung mit diesem älteren Herrn wurde mir dann bewusst, wie sehr mir die persönliche Interaktion gefehlt hatte!

Für manch einen mag diese Begegnung nur ein Zufall ohne große Bedeutung sein. Für mich war sie in diesem Moment etwas ganz besonderes. Sie gab mir wieder neue positive Energie zu einer Zeit, in der ich diese so bitter nötig gehabt hatte. Und dafür war ich für den Rest des Tages besonders, aber auch noch bis heute sehr dankbar.

Erzählung von einer Wanderung im Nebel

Bevor wir in Santander gelandet sind, waren wir in den Bergen und haben bei unserem letzten Halt den Gorbeia mit seinen 1482 Metern Höhe erklommen. Und das natürlich, wie soll es auch anders sein, bei

Regen und Wind. Das war die wirklich unschönste, aber dafür spannendste Wanderung meines Lebens.

Wir sind um 9:15 Uhr am Bulli gestartet. Es war diesig, aber das ist um diese Uhrzeit in den Bergen meiner Erfahrung nach normal. Wir waren allerdings auch von unserer Planung her schlecht vorbereitet: nämlich gar nicht. Joss hatte lediglich am Vorabend mit Leuten gesprochen, die am nächsten Tag ebenfalls auf den Berg wandern wollten. Das war's aber auch schon. Und da in den Bergen absolut kein Empfang herrschte, mussten wir uns auf unsere Intuition verlassen. Und auf Fotos von Tafeln am Fuß des Berges, die zumindest grob den Weg abzeichneten. Von vielen vergangenen Wanderungen der letzten Jahre kann ich dir sagen, dass das bei uns beiden nicht unbedingt eine gute Idee ist. Zumindest waren wir richtig gekleidet.

Wir liefen also quer durch den Wald und hatten meist wenig Ahnung, wohin genau wir als nächstes gehen mussten. Bei schlechter Sicht, dank Nebel und zum Teil sehr unwegsamen Wegen (bzw. nicht vorhandenen, da wir diese aus unserer "Intuition" heraus verlassen hatten), dümpelten wir also Stunde um Stunde den Berg hoch. Ziemlich weit oben - dachten wir zumindest zu diesem Augenblick - trafen wir auf Arbeiter, die wohl damit beschäftigt waren, Wasserleitungen für eine Berghütte zu erneuern. Dank der Tatsache, dass Joss unglaublich sprachbegabt ist, fragte er diese Herren, ob wir denn auf dem richtigen Weg nach oben seien. Das wurde ihm tatsächlich bestätigt und wir bekamen noch die Vorwarnung, dass der Rest des Weges sehr ungemütlich werden könnte (Ha... Ha... Ha..., wenn wir diese Herren mal ernster genommen hätten).

Wir folgten der freundlichen Wegbeschreibung einen Hügel hoch. Und dann begann ein Abschnitt der Wanderung, auf dem wir so ziemlich alles um uns herum vergaßen und nur noch getrieben von dem Willen, unbedingt das Ziel erreichen zu wollen, uns Schritt für Schritt weiter nach oben quälten. Ja, ich schreibe hier tatsächlich von quälen, denn unsere Kräfte waren weitestgehend aufgebraucht, die Muskeln schmerzten inzwischen und der Fakt, das Ziel dank der schlechten Sicht in der Ferne nicht einmal ausmachen zu können, machte diese Wanderung hoch auf einem nicht vorhandenen Weg - stattdessen eher auf rutschiger Wiese -

zu einer wahren Qual. Der Wind nahm von Minute zu Minute mehr zu und ich konnte meine Begleitung kaum noch vor mir ausmachen.

Via Maps sahen wir mit kurzzeitig vorhandenem GPS-Signal, dass wir Welten vom Hauptweg entfernt waren - dabei hatten wir eigentlich vorgehabt, über diesen befestigten und sicheren Weg unser Ziel zu erreichen. Wir begannen also querfeldein zu laufen. Dies führte uns zu dem kümmerlichen Rest eines Gletschers, das Schmelzwasser gurgelte, als es die Felsspalten hinab floss. Wir wanderten an ziemlich heiklen, absturzgefährdeten Stellen entlang. Doch das sollte nur die Spitze des Eisbergs sein. Joss sah mich schließlich bestürzt an und fragte dann: "Laut Maps sind wir nicht mehr weit vom Hauptweg entfernt. Ich schlage allerdings vor, die kürzeste Route zu nehmen, um dorthin zu gelangen, und die führt dort entlang - wollen wir das wirklich?" Während er das sagte, deutete er steil den Berghang hinauf, der meist mit nassem Gras, teils mit Steinen vor uns lag. Ach, und etwa im 45 Grad Winkel nach oben führte! Und ich Wahnsinnige sagte tatsächlich: "Los, wir machen das." In den nächsten 20 Minuten kämpften wir uns auf allen Vieren (!) den Berg hoch. Hinter und unter uns, der Gletscher und ein Abhang, den herunterzufallen schlimme Folgen bedeutet hätten. Azura schaute mich derweil an, als wäre ich wahnsinnig geworden - absolut zu Recht, wie ich zugeben muss.

"Ich schaue eben, wie weit es noch zum Hauptweg ist und komme dann zurück." - Das waren die letzten Worte, bevor Joss im Nebel verschwand und ich ihn nicht mehr sehen konnte. Ich war zu diesem Augenblick so außer Atem, dass ich auf allen Vieren mit dem Hund eine Pause einlegte. Dann krabbelte ich weiter. Erst einige Minuten später hörte ich ihn dann aus einer leicht versetzten Richtung nach mir rufen. Allerdings wusste ich nicht, dass er zuvor bereits mehrfach nach mir gerufen hatte und nun mehr als froh war, dass ich nicht bereits am Fuße des Berges, womöglich verletzt, lag. Er kam auf mich zugestürmt, half mir die letzten Meter nach oben vom Steilhang auf ein Plateau und wir fielen uns vor Erleichterung in die Arme. Manchmal wird einem erst im Nachgang bewusst, in welche Gefahr man sich gerade ziemlich leichtfertig begeben hat.

Der Hauptweg war allerdings noch immer nicht in Sicht. Aber dank eines weiteren Blickes auf Maps wussten wir nun, in welche Richtung wir bis zum höchsten Punkt weiterlaufen mussten - zum Glück, denn ohne das Handy hätten wir nicht einmal im Entferntesten ausmachen können, wo unser Ziel nun lag. Das Abenteuer hatte endlich ein Ende, als wir den Gipfel bei wenigen Metern Sicht erreichten. Von einem schönen Ausblick konnten wir allerdings nur träumen - alles um uns herum war in Nebel gehüllt und der Wind presste sich ohne Pardon gegen unsere Körper. Wir machten ein Erinnerungsfoto und kehrten unserem Ziel direkt wieder den Rücken zu.

Der Weg ist das Ziel

Dieses Sprichwort traf auf diese Wanderung zu 100 % zu. Mit jeder anderen besänftigenden Aussage zu unserem Erlebnis hätte man den Nagel nicht besser auf den Kopf treffen können.

Wir waren unendlich dankbar, als wir oben auf dem Berg, gerade nachdem wir unseren Rückweg angetreten hatten, etwa 15 Meter entfernt von uns plötzlich einen Menschen schemenhaft ausmachen konnten. Ein Einheimischer, der gerade dabei war, sein Pausenlager wieder einzupacken. Er hatte Wanderstöcke dabei und gefütterte Handschuhe - als käme er geradewegs aus der Tundra. Er begleitete uns ein ganzes Stück nach unten und da war er dann auf einmal: der Hauptweg. Zwei Meter breit, Sand und Gestein als Untergrund - perfekt für einen angenehmen Aufstieg. Tja - beim nächsten Mal dann vielleicht. Immerhin hat der Gorbeia uns eine sehr prägende Erinnerung geschenkt. Und zumindest im Angesicht der Anstrengung und Gefahr kann ich klar behaupten: Dort war ich vollkommen im Moment!

9. Olá, Porto!

Heute ist der 22. April und ich sitze in der "Quinta Da Hortelã" (Anwesen der grünen Minze) in der Nähe von Porto, Portugal. Seit Santander haben wir fast 700 Kilometer mit dem Bulli zurückgelegt. Wir schätzen unser Equipment inzwischen sehr: Bei den wesentlich milderen Temperaturen können wir unsere Dusche benutzen, das Kochen mit unserem Camping Gaskocher geht uns leichter von der Hand und Dinge, die noch vor kurzem wild herumgeflogen sind, haben nun ihren Platz gefunden. Die ewige Suche hat also ein Ende! Azura hat einen festen Schlafplatz in Form eines Stillkissens, welches ich kurz vor unserer Abfahrt in Deutschland besorgt habe - eine Art "Körbchen-Ersatz". Dieses liegt am Tag auf dem Bett und wird zur Nacht in eine Lücke zwischen Autowand und Bettgestell gestopft. Schon haben wir ein bisschen mehr Liegefläche für meine liebste Kuschelpartnerin geschaffen!

Den Moment auskosten

Nach einem nächtlichen Zwischenstopp, an dem ich bereits langsam dazu übergehen konnte, einzelne Situationen wieder mehr zu genießen und sogar Yoga für mich zu üben, fuhren wir am Tag darauf weiter Richtung Portugal. Eigentlich wollten wir nur eine kleine Pause am See Rabagão einlegen, welcher nahe dem Dorf Travassos da Chã liegt. Ich muss zugeben, dass meinem Empfinden nach mit der Überquerung der Grenze ein ganz anderes Gefühl in mir aufploppte: Zufriedenheit. Ich habe mich bereits bei meinem ersten Urlaub in Portugal verliebt und so blieb es am See auch nicht bei einer kleinen Pause. Es gefiel uns dort nämlich so gut, dass Joss nach einem ausgiebigen Sonnenbad den Grundbesitzer, der gerade mit dem Traktor sein Feld pflügte, fragte, ob wir nicht eine Nacht bleiben könnten. Glücklicherweise gab dieser sein OK und wir waren glücklich, dass wir diesen einsamen Stellplatz ganz für uns allein haben durften. An diesem konnte ich nach sehr vielen Tagen das erste Mal "Der Tag war gut" in mein Tagebuch schreiben und dies auch ehrlich empfinden.

Von unserem Stellplatz am See Rabagão begaben wir uns am darauffolgenden Tag wieder zurück auf die Straße. Gegen 17 Uhr trafen wir bei unserer neuen Unterkunft an. Unterkunft deshalb, weil wir zwar weiterhin im Bulli schlafen, aber nebenher Zugang zu einem Aufenthaltsraum, einer Toilette und einer Dusche (!!) haben würden. Und in dieser, der "Quinta Da Hortelã", sitze ich nun gerade und lasse dich weiter an meiner Reise teilhaben. Hier ist es so friedlich - die gemütliche Einrichtung und der Umstand, dass ich nach 11 Tagen das erste Mal wieder eine richtige Dusche nutzen durfte, geben mir ein wirklich gutes Gefühl.

Nicht nur das Thema Duschen stellt während der Reise eine kleine Herausforderung dar. Wie bereits beschrieben, besitzen wir eine Outdoor-Dusche - für diese braucht man allerdings einen Platz, an dem man sie weitestgehend ungestört nutzen kann. Bestenfalls findet man zwischendurch einen Bach, in dem man Schweiß und Dreck abwäscht. Für die tägliche Katzenwäsche haben wir eine kleine Waschschüssel, mit der das ausgezeichnet funktioniert! Zimperlich darf man auf so einer Tour meiner Meinung nach nicht sein, denn frisch und wirklich sauber fühlt man sich bei steigenden Temperaturen sowieso selten. Aber nicht nur wir wollen von Zeit zu Zeit wieder gut riechen, auch das Wäschewaschen zählt zu den Punkten im "Bulli-Haushalt", die regelmäßig in Angriff genommen werden müssen. Der Abwasch lässt sich leicht mit einer entsprechenden Schüssel und unserer Dusche erledigen. Fürs Waschen machen wir uns regelmäßig auf die Suche nach Waschcentern und ich muss sagen, dass wir bisher immer mit sauberen Klamotten zurückgekehrt sind! Wenn man sich die Bewertungen einiger Salons durchliest, ist das keine Selbstverständlichkeit: Oft wird von schlecht riechender und nicht fleckenfreier Wäsche berichtet.

Wir haben bereits einen halben Tag in Porto verbracht. Die Stadt hat wirklich einen besonderen Flair, allerdings bin ich kein Fan von vielen Menschen auf einem Haufen und diese trifft man dort definitiv an. Zumindest bei dem schönen Wetter, welches wir hier derzeit genießen dürfen - bei 28 °C! Wir sind nicht durch Zufall hier gelandet. Der Plan war schließlich gewesen, von Santander aus weiter an der Küste entlang Richtung Portugal zu fahren. Dank Joss' Idee sind wir nun wesentlich schneller an der Westküste und damit im Warmen gelandet. Ganz nebenher denke ich, dass auch gerade das Wetter entscheidend dazu beitrug, dass sich unser Gemütszustand allgemein erheblich zum Positiven wandelte. Im Endeffekt hatten wir den Großteil des Aprils mit Regen und Kälte gekämpft. Auch wenn mir beispielsweise der Kampf mit einer riesigen Regenplane (fünf mal fünf Meter), welche wir vergeblich am Bulli zu befestigen versuchten, als Erinnerung bleibt, die mich zum Schmunzeln bringt. Ebenso das ewig klamme Gefühl, egal, was man anhatte, machte diese Zeit nicht unbedingt zu einem Genuss.

Der eigentliche Grund für unseren Besuch in Porto ist allerdings der Jakobsweg. Wir haben diesen fest mit in unsere Auszeit eingeplant. Dass dieser nun schon so früh auf der Agenda stehen würde, hatte ich zwar nicht geplant, Joss aber wohl schon. Und nun geht es übermorgen einfach schon los. 250 Kilometer von Porto nach Santiago de Compostela liegen vor uns. Wahnsinn! Und das alles zu Fuß gemeinsam mit Azura. Ich bin gespannt, was uns erwarten wird und freue mich auf die körperliche sowie mentale Herausforderung. Und vor allem kann ich es kaum erwarten, die Zeit für mich zur Reflexion zu nutzen und Frieden mit einigen Gedankengängen zu schließen. Die Rucksäcke sind gepackt, der Parkplatz für den Bulli reserviert und bezahlt.

Ich habe mein Bestes versucht, um wirklich nur das Notwendigste mitzunehmen. Da das Wetter uns nun mit Wärme verwöhnt, kommt neben meiner langen Wanderhose nur noch eine kurze Sporthose sowie eine Leggings als bequeme Alternative am Abend nach einem langen Tag mit. Eine Wind- und Regenjacke empfand ich für den Jakobsweg direkt an der Küste als unbedingt notwendig. An Oberbekleidung habe ich mir einen dünnen Sportpulli sowie ein T-Shirt und ein Top eingepackt - mehr Abwechslung braucht es während dieser Strecke wohl nicht! Da wir nur im Freien übernachten wollen, sind natürlich Isomatte, Zelt und Schlafsack auch in meinen Rucksack gewandert, das Futter für Azura wollen Joss und ich auf unsere beiden Rucksäcke aufteilen. Die Unterkünfte entlang des Jakobsweges erlauben keine Tiere und so stand für uns von Beginn an fest, dass wir uns Schlafplätze in der Natur oder auf Campingplätzen suchen würden. Ansonsten kommen kleine Dinge, wie Kosmetikartikel, Unterwäsche, Bluetooth Kopfhörer und eine Sonnenbrille mit. Durch meine Trekkingstöcke erhoffe ich mir, anstrengende Anstiege etwas zu erleichtern. Tatsächlich werde ich den Jakobsweg in Barfußschuhen bestreiten. Ich werde mich erst im Anschluss wieder ans Schreiben machen. Mal schauen, mit welchen Erkenntnissen ich zu dir zurückkehren werde!

Ich melde mich aus Santiago de Compostela - dem Ziel des Jakobsweges. Inzwischen haben wir den 6. Mai.

Nach 280 Kilometern, die ich in 13 Tagen in Form von 75 Stunden und 30 Minuten Pilgern zurückgelegt habe. Sich dieser Fakten erst einmal bewusst zu werden, fällt - zumindest mir - nicht ganz so leicht. Denn schon während des Pilgerns gab es für mich in erster Linie wieder nur ein Ziel: den Weg. Ich bin unendlich glücklich, diese wirklich besondere Erfahrung gemacht zu haben - vielleicht kann ich dich mit den Eindrücken meiner ersten Langstreckenwanderung inspirieren!

Am 24. April sind wir gegen 12 Uhr von der Kathedrale in Porto gestartet. 23 Kilometer legten Joss, Azura und ich innerhalb dieses ersten Tages zurück, um zu unserem ersten Übernachtungsstopp, den Campingplatz in Angeiras, zu gelangen. Für lediglich 11,50 Euro konnten wir dort unsere Zelte aufschlagen und uns an einer herrlichen Dusche erfreuen. Ein wirklich schönes Fleckchen! Schon an diesem Abend machten sich bei Joss Schmerzen im Fuß bemerkbar, doch wir machten uns erst einmal wenig Sorgen, da es verständlich war, dass es nach 23 Kilometern an der einen oder anderen Stelle zwicken würde.

Allerdings waren auch am darauffolgenden Morgen die Schmerzen keineswegs verschwunden - im Gegenteil: Joss war bei jedem Schritt der Schmerz ins Gesicht geschrieben. Wir starteten also langsam, da er die Hoffnung hatte, dass es sich nach ein wenig Warmlaufen schon geben würde. Leider begleiteten Joss die Schmerzen auch auf dem Weg zu unserem nächsten Ziel - Vila do Conde - Schritt für Schritt. Wir kamen daher nur sehr langsam voran und machten, allerdings auch zum Wohle von Azura, viele Pausen.

Zumindest zauberte uns der Besuch in einem Restaurant mit einer Dorade direkt vom Grill für kurze Zeit wieder ein Lächeln ins Gesicht. Unser zuvor ausgewählter Schlafplatz direkt am Hafen stellte sich allerdings als ein Reinfall heraus - in einem wenig sicher wirkenden Umfeld sowie in anhaltendem Uringestank wollten wir ungern wild zelten. Nach vielen Versuchen, eine Alternative aufzutreiben, landeten wir am Abend schließlich doch in einem Hotel. Joss kämpfte innerlich bis spätabends mit sich selbst. Was wäre, wenn er nun doch abbrechen müsste, da es seinem Fuß noch immer nicht besser ging? Sein Traum vom Jakobswegs würde damit vorerst ein Ende nehmen.

Eine Art Neubeginn: Von jetzt an allein

Und so kam es dann schließlich auch. Als ich Joss am Morgen des dritten Tages in die Augen sah, war mir klar, dass die Schmerzen nicht weniger geworden waren und seine Entscheidung für den Abbruch feststand. Er war aber der Meinung, dass er dann einfach später wieder dazu stoßen würde. In mir löste die Tatsache, nun allein weiter gehen zu müssen, große Traurigkeit aus. Der Abschied fiel dementsprechend tränenreich aus. Joss nahm Azura mit sich, da ich ohne sie schneller unterwegs sein könnte. So startete ich um 10:40 Uhr in Richtung Fão.

Nach knapp drei Stunden und zehn Kilometern setzte zunächst leichter und schließlich immer stärker werdender Regen ein. Ziemlich lang pilgerte ich direkt entlang der Küste, schließlich fand ich mich auf einem Weg mitten durch den Wald wieder. Mich überraschte selbst, dass das Gehen in der Natur meine betrübte Stimmung schnell etwas aufhellte. Auch wenn ich in Gedanken immer wieder bei Joss war, konnte ich dank guter Musik auf den Ohren selbst zwei Stunden ununterbrochenen Regen genießen. Um 16 Uhr traf ich dann durchnässt auf dem Campingplatz ein und fand eine komplette Zeltwiese für mich allein vor - sonst war keiner so wahnsinnig, bei diesem Wetter zelten zu wollen. Ich nutze die Zeit allein, um mit Marc sowie Joss zu telefonieren und behielt weiterhin die Hoffnung, dass er bald wieder Teil des Abenteuers Jakobsweg sein würde.

Der vierte Tag startete nass. Und ich verlor die Orientierung - plötzlich waren dort weder die allseits bekannten gelben Pfeile noch die Muschel, welche die Jakobswege markieren, an den Wänden zu finden. Mein Reiseführer brachte mir leider herzlich wenig und über die überaus hilfreiche Jakobsweg-App hatte ich zu diesem Zeitpunkt noch keine Kenntnis. Allerdings traf ich schnell auf Pilger mit genau demselben Problem und wir irrten von nun an gemeinsam umher. Heute glaube ich, dass ich durch diesen Orientierungsverlust an diesem Tag knappe zehn Kilometer mehr gelaufen bin. Ich war froh, mir meinen Freund Marc als "seelische Unterstützung" ans Ohr geholt zu haben, als mich meine Motivation Stück für Stück verließ.

Um 12:15 Uhr fand ich mich an diesem Tag in einem Café in Belinho wieder und dank der Sonne, die sich doch endlich blicken ließ, fand ich auch zu meiner Motivation zurück. Bei Kaffee und Kuchen packte ich meine Karte erneut aus und wusste, dass ich mich nicht weit vom Weg befinden konnte. Und so kam es, wie es musste: Ich fand nur wenige hundert Meter weiter wieder den gelben Pfeil an einer Hauswand. Du kannst dir gar nicht vorstellen, was das in mir auslöste - ich kämpfte vor Erleichterung mit den Tränen! Wenn man bedenkt, wie leicht ich es mit der App hätte haben können, komme ich mir im Nachgang etwas lächerlich vor. Aber ich war noch nie jemand, der sich für jede Gelegenheit die passende App aufs Handy zieht und vielleicht sollte es so kommen. Schließlich gehört es auch im Leben mit dazu, mal vom Weg abzukommen, nicht wahr?

Dieser Tag hielt allerdings nicht nur Beschwerliches für mich bereit! Ich lernte ganz zufällig die liebe Josie aus Berlin kennen, die sich für die Nacht ein Bett in der gleichen Unterkunft reserviert hatte. Die Chemie stimmte sofort und mir tat es - besonders an diesem doch etwas holprigen Tag gut - einen Menschen zu finden, der mir ein wohliges Gefühl gab. Die Casa da Carolina war meine erste Pilgerherberge des Weges und zugleich eine der schönsten. Die Betten boten dank entsprechender Vorhänge genügend Privatsphäre, die Gastgeber waren sehr bemüht und die Unterkunft lud dank eines großen Gartens zum Wohlfühlen und Regenerieren ein. Neben Josie fand ich dann vor Ort auch noch den Kontakt zu Daniel und Nele aus Köln. Es war also der perfekte Ort, um nach so einem Tag anzukommen!

Gegen 09:40 Uhr startete ich am fünften Tag Richtung Vila Praia de Âncora. Josie und ich hatten uns dafür entschieden, dass jeder wieder für sich starten würde. Das Alleinunterwegssein gab mir ein gutes Gefühl und die vielen neuen Bekanntschaften lösten Euphorie in mir aus. Wir alle hatten dasselbe Ziel und doch schlüpfte jeder aus ganz unterschiedlichen Gründen am Morgen erneut in die Wanderschuhe. Es sollte sich für mich etablieren, meine neu gewonnene Freiheit besonders auf meinem Weg nach Santiago de Compostela zu genießen - auch andere Pilger berichteten mir, wie sehr sie sich von diesem Gefühl getragen fühlten. Auf dem Weg gab es so viel Verständnis für den anderen, dass jeder seine Meinung und Wünsche frei heraus äußerte. Und während vieler Gespräche kamen wir immer wieder zu dem Schluss, dass man sich im Alltag

viel zu sehr von gesellschaftlichen Normen unter Druck setzen lässt, statt einfach das zu tun, was sich gerade für einen selbst gut anfühlt. Diesen "Zauber" habe ich von Beginn an stark bei den Menschen wahrgenommen - jeder war ganz bei sich und trotzdem sehr offen für zwischenmenschliche Begegnungen.

Um 17 Uhr traf ich dann also allein im Park Camping Paco ein und schlug mein Zelt das erste Mal bei strahlendem Sonnenschein zwischen großen Pinienbäumen auf. Auf dem Platz tummelten sich ungewöhnlich viele Deutsche und so kam es, dass ich Moni, Christian und ihre süße Tochter Lotta kennenlernte, die während ihrer Elternzeit mit dem Camper unterwegs waren. Sie luden mich zu Burger und Bier ein - da konnte ich natürlich nicht nein sagen. Ich fühlte mich erneut in bester Gesellschaft und genoss diesen schönen Abend mit mir vollkommen fremden Menschen!

Was der Jakobsweg in mir bewegt

Ich betone meine Begegnungen mit Absicht so sehr. Für mich war es besonders schön die Erfahrung zu machen, so schnell Anschluss zu anderen zu finden. Früher war ich nämlich ziemlich schüchtern und regelrecht "menschenscheu". Heißt so viel, dass es sogar Unwohlsein in mir auslöste, mir nur vorzustellen auf Fremde zuzugehen. Das hat sich bereits vor einigen Jahren etwas aufgelockert. Nichtsdestotrotz habe ich mich selbst noch viel offener auf dem Weg erlebt, als ich es mir vorher hätte vorstellen können. Das liegt meiner Meinung nach an der bereits beschriebenen Stimmung auf dem Jakobsweg. Als würde jeder mit sich selbst mehr im Reinen sein und dadurch auch auf andere mit weniger Vorurteilen zugehen können.

Tag für Tag zog bei mir immer mehr Freiheitsgefühl ein. Das kam vor allem dadurch, dass ich meist gar nicht wusste, wo ich am kommenden Tag nächtigen würde. Einfach drauflos zu gehen, sich treiben zu lassen und die Natur mit all ihren Geräuschen wahrzunehmen, ohne irgendwelche Verpflichtungen zu haben, gab mir so viel innere Ruhe, wie ich sie lange nicht mehr empfunden habe. Meinen Bekanntschaften ging es sehr ähnlich und so bin ich der Überzeugung, dass uns besonders der Alltag kopfmäßig so sehr einschränkt und "festnagelt", dass wir gar nicht mehr die Offenheit für zufällige Begegnungen und besondere Momente nur mit uns allein aufbringen können. Für meine Zukunft habe ich mir fest vorgenommen, daran etwas zu ändern und dieses Verhalten auch daheim zu etablieren.

Gastfreundschaft, die sprachlos macht

Meine Nacht auf dem Campingplatz in Vila Praia de Âncora würde ich ohne Zweifel zu einer der schlimmsten meines Lebens zählen. Obwohl bis in den späten Abend sehr milde Temperaturen geherrscht hatten, ging es in der Nacht auf 7 °C (gefühlt wesentlich weniger) hinunter. Ich hatte keine Möglichkeit, mich zu wärmen und neben der Tatsache, dass ich alle meine Klamotten übereinander anzog, sorgte der Sommerschlafsack nicht unbedingt für mehr Abhilfe. Ich kämpfte mich zitternd und mit von der Kälte verursachten Schmerzen in den Knochen - keine Übertreibung - durch die Nacht. Mehrere Schübe von Gänsehaut gingen über meinen Körper hinweg und ich machte mich so klein wie nur möglich, um meine Wärme zu bündeln.

Ich war unglaublich froh, als die Temperaturen am Morgen endlich wieder aufwärts gingen. Meine eiskalten Füße konnte allerdings erst eine sehr lange, sehr heiße Dusche zurück ins "Leben" rufen. Und so war ich tatsächlich dankbar, wenn auch sehr übermüdet, als ich um 10 Uhr mit gepacktem Rucksack in Richtung Caminha startete, um mit dem Boot nach Spanien überzusetzen.

Während ich meinen Weg fortsetzte, befand ich mich immer wieder im Austausch mit Joss. Es gab unterschiedliche Einfälle, wie es für ihn nun weitergehen würde. Eine Idee war, dass er auf halber Strecke wieder mit Azura dazustoßen könnte. Allerdings verließ ihn, für mich nachvollziehbar, die Motivation dazu, da noch immer nicht absehbar war, wie lange sein Fuß zur Erholung von der Überanstrengung brauchen würde. Er unternahm kleinere Wanderungen und versuchte so auch für sich das Beste aus dieser Situation herauszuholen. Ich freute mich, als die Möglichkeit besprochen wurde, dass er sich mit dem Bulli parallel auch auf den Weg nach Santiago de Compostela begeben und mich dort im Ziel begrüßen würde.

Nach wenigen Kilometern traf ich in einem Café auf Nele, Daniel und auf den Engländer John, den ich ebenso wenige Tage zuvor kennengelernt hatte. Ich freute mich nach der kräfteraubenden Nacht über die positive Ausstrahlung der drei und genoss die Gesellschaft auf dem Weg. Die Kölner hatten eine Unterkunft in Caminha und so setzten John und ich sowie Frank aus Düsseldorf, der auch dazugekommen war, unseren Weg zunächst mit einem kleinen Motorboot und dann zu Fuß auf spanischem Boden fort. Für ein paar Kilometer war ich also weiterhin in bester Gesellschaft. Die beiden hatten für diese Nacht allerdings eine Unterkunft einige Kilometer vor meiner entfernt gebucht. Ich hatte also wieder die Möglichkeit, alleine zu pilgern, welche ich auskostete - besonders, da die Sonne noch einmal herauskam und ich so die steinigen Buchten und das Schauspiel des wilden Meeres zwischen Camposancos und Portecelo erleben durfte.

Ich traf schließlich an dem Restaurant Explanada do Horizonte [Por-
tecelo] - kurz vor meiner gebuchten Unterkunft ein - dort wollte mich
meine Gastgeberin einsammeln (was für ein Service! Aber nach vielen
Kilometern schlägt man dieses Angebot natürlich nicht aus). Man saß auf
einer Art Plateau mit Blick auf das Meer. Auf einfachen Plastikstühlen
konnte man sich an einem Kaffee in der Sonne erfreuen. Und dann kam
es zu einem wundervollen Zufall: Josie saß plötzlich vor mir! Die Freude
war groß und ich lernte bei dieser Gelegenheit auch Francesca aus Italien
und Rachel aus Spanien näher kennen, die ich in der Casa da Carolina
nur flüchtig begrüßt hatte. Ich durfte ein weiteres Mal dieses schöne Gefühl von Nähe zu eigentlich mir weitestgehend fremden Personen erfahren. Aber ich denke, so richtig nachempfinden kann man das erst, wenn
man eine ähnliche Erfahrung gemacht hat - was ich dir übrigens schon
an dieser Stelle sehr ans Herz legen möchte!

Meine Gastgeberin Alica sprach kein Englisch und ich ebenso wenig
Spanisch. Daher erfolgte die Kommunikation ausschließlich über eine
Übersetzungsapp. Das mag im ersten Moment anstrengend klingen, war
aber im Endeffekt sehr amüsant und man verstand sich auch durch den
Einsatz von Händen, Füßen und vor allem der Mimik! Sie zeigte mir ihr
wundervolles Haus, indem ich für eine Nacht in einem eigenen Zimmer
mit Bad und direktem Blick aufs Meer nächtigen würde. Aber ich bekam
für 30 Euro nicht nur dieses wundervolle Zimmer, nein, Alicia bot außerdem eine komplett ausgestattete Küche mit gefülltem Kühlschrank
zur Benutzung an. Ich fand das ausgesprochen großzügig und fühlte mich
sofort angekommen. Ich richtete mich ein, kochte mir etwas zu Essen
und übte Yoga in dem wunderschönen Garten bei strahlendem Sonnenschein. Das war ein Zeitpunkt, in dem ich das Gefühl hatte, so richtig
anzukommen in dem Modus "Ich gehe alleine den Jakobsweg" - ich
fühlte mich frei, ruhig und so dankbar für die Gastfreundschaft, in deren
Genuss ich kam!

Schon am Abend entschied ich, eine weitere Nacht zu bleiben. Meine
Bekanntschaft Frank würde mir am kommenden Tag in die Unterkunft
folgen, weil er so begeistert von meinen Erzählungen am Telefon war.

Am Nachmittag darauf saßen wir dann schon gemeinsam bei einem Kaffee im Wohnzimmer und führten herrlich tiefgründige Gespräche. Vor allem tauschten wir uns viel über die psychische Gesundheit aus und das Thema Familie. Frank könnte mein Vater sein und ich fand es gerade deshalb so interessant, wie sehr wir auf einer Wellenlänge einen Austausch finden konnten. Ein weiterer Augenblick, in dem ich so schnell eine Verbindung zu einem noch so fremden Menschen spürte. Einfach, weil man offen war und keinerlei Furcht davor hatte, Persönliches zu teilen. Daheim haben meiner Meinung nach viele von uns Angst, sich zu schnell verletzbar zu machen, indem sie sich öffnen. Natürlich hat jeder von uns schon einmal eine schlechte Erfahrung in diese Richtung gemacht und so neigen wir dazu, uns zurückzuhalten und vorsichtig damit zu sein, was wir preisgeben. Schade eigentlich, denn dadurch verpassen wir doch häufig die Gelegenheit so einen schönen Augenblick zu erleben.

Abends klopfte Frank mit einem Grinsen an meine Tür und begrüßte mich mit den Worten "Alicia glaubt mir nicht, dass du heute keine Lust mehr auf einen Ausflug hast - du musst sie wohl selbst davon überzeugen". Die Gastgeberin gab uns mit Hilfe ihrer Übersetzungsapp zu verstehen, dass sie uns unbedingt den Monte Santa Trega zeigen wolle. Eigentlich war mir so gar nicht nach einem Sightseeing-Trip, aber ich wollte schließlich offen für Neues sein, also fuhren wir mit zwei weiteren Pilgern, die in der Unterkunft nächtigten, mit dem Auto hoch zum Berg. Dies geschah über eine befestigte Straße, welche sich allerdings Kurve um Kurve den Berg hochwand. Ich kämpfte ein wenig mit dem Anflug von Übelkeit. Allerdings hatten wir schon während der Autofahrt so viel zu lachen, dass ich gut abgelenkt wurde. Alicia ließ über ihre App alles auf Deutsch übersetzen, was es über die Umgebung und den Berg zu wissen gab und Frank war höchst beschäftigt damit, den mit im Auto sitzenden Engländern diese Infos auf Englisch weiterzugeben. Erst eine halbe Stunde später fiel uns auf: Wir hätten die App auch einfach auf Englisch einstellen können: So hätten alle Pilger im Auto Alicia verstanden. Auf dem Berg hatten wir einen atemberaubenden Ausblick über die Küstenlinie bis nach Portugal - dazwischen der Rio Miño. Es war wirklich so schön und wir hatten eine uneingeschränkte Sicht, was laut Alicia eher selten wäre, da der Monte Santa Trega oft in Nebel gehüllt sei.

Für mich war dieser Ausflug nicht nur eine persönliche Erinnerung daran, dass ich immer wieder für Neues offen sein sollte, sondern zeigte mir vor allem die Passion, mit der Alicia ihren Gästen einen so schönen Aufenthalt bereitete - so eine Gastfreundschaft hatte ich bisher noch nicht erlebt! Du musst bedenken, Pilgerunterkünfte nehmen nicht ansatzweise so viel Geld wie beispielsweise Hotels. Es gibt auch wenig Druck, gute Rezensionen zu erhalten - schließlich sind die Pilgerer in regelmäßigen Abständen auf einen Platz zum Schlafen angewiesen. Alicia tat, was sie tat, vor allem aus Nächstenliebe und Begeisterung für die Magie des Jakobsweges, welcher direkt vor ihrem Haus entlangführt. Daher fiel mir der Abschied von ihr am Abend trotz Sprachbarriere schwer. Ich habe sie sehr ins Herz geschlossen und werde diese schönen zwei Tage immer in Erinnerung behalten.

Von Frieden und Einsamkeit auf dem Weg nach Baiona

Um 09:15 Uhr startete ich, komplett vorbereitet in Regenjacke und mit bereits fest sitzendem Regenschutz auf meinem Rucksack, in Richtung Baiona. Dort hatte ich mir für die Nacht ein Bett in einer Pilgerherberge reserviert. Meine Laune war bestens, auf dem Weg gönnte ich mir frischen Orangensaft und ein Stück Santiago Kuchen - ein sehr leckerer Mandelkuchen, welcher seinen Ursprung in Galicien hat. Und als ich bereits über zehn Kilometer zurückgelegt hatte, ließ sich während meines Aufstiegs auf einen Berg dann nach einigem Regen auch noch die Sonne blicken. Alles erstrahlte plötzlich in einem saftigen Grün und trotz des anstrengenden Marsches genoss ich die Luft, den Blick auf das wilde Meer und die Tatsache, dass all das wirklich geschah: Ich ging den Jakobsweg! Mich überkam ein Gefühl von Frieden und Freiheit - eventuell kullerte auch die eine oder andere Träne. Ich war so dankbar, diese Erfahrung machen zu dürfen und es gab mir ein beruhigendes Gefühl, diese auch allein so zelebrieren zu können.

Bevor ich in meiner Unterkunft eintraf, passierte das, was einfach irgendwann passieren **musste**: Bei einem Treppenabgang rutschte ich auf einem nassen Gullideckel aus und landete (zum Glück) mit voller Wucht auf meinem Sitzfleisch. Glücklicherweise fing mein Rucksack viel ab, trotzdem prellte ich mir mein Handgelenk. Und als ich da auf dem Boden auf der Seite lag und wirklich Schmerzen hatte, fühlte ich mich plötzlich doch ziemlich einsam. Aber wie schon mein Vater es immer wieder sagte: "Nicht lange liegen bleiben, aufstehen und weiter geht's". Also setzte ich die zu meiner Unterkunft verbleibenden Meter im nun einsetzenden strömenden Regen zurück und freute mich in erster Linie auf eine Dusche. In den Unterkünften wird einem meistens ein Bett zugewiesen. Ich sehnte mich nach etwas Privatsphäre - daher war ich nicht unbedingt begeistert, als mir ein Bett oben zugewiesen wurde und ich feststellen musste, dass es nicht so wie bei anderen Unterkünften einen Vorhang oder Ähnliches gab. Nein, ich lag direkt neben meiner Bettnachbarin auf dem Präsentierteller und konnte mit dieser theoretisch Händchen halten. Du kannst dir sicherlich vorstellen, dass meine Laune an Euphorie verlor. Zusätzlich wurde ich mit den Pilgern vor Ort nicht warm: niemand grüßte zurück und im Bad machte ich sogar eine richtig unfreundliche Begegnung. Das zog mich runter, denn so war ich das von den Unterkünften zuvor überhaupt nicht gewohnt.

Ich rief meinen Freund an und freute mich über ein bisschen Ablenkung, während ich einen Spaziergang durch Baiona machte. Die Hafenstadt bietet viele Möglichkeiten zum Bummeln und auch, um auf historische Entdeckungsreise zu gehen. Allerdings war mir nach all dem nicht zumute. Ich fühlte mich so unwohl, dass ich am liebsten weiter gepilgert wäre, aber da die Unterkunft bereits bezahlt war, kam das nicht mehr in Frage und so machte ich das Beste aus der Situation. Am Abend traf ich rein zufällig auf Julie, eine Frankfurterin, die mich nach eigener Aussage an meiner anscheinend "typisch deutschen" Ausstrahlung erkannte. Ich war sehr glücklich, ihre Bekanntschaft zu machen und bei einem Glas Rotwein auf etwas positivere Gedanken zu kommen. Der Tag endete dann damit, dass ich mich recht früh in mein Bett verkrümelte.

Vigo: Grau und kühl

Bevor ich um 9 Uhr Richtung Vigo in meine Airbnb Unterkunft aufbrach, brachte ich mein Zelt sowie meine Isomatte zur Post, um sie nach Santiago de Compostela vorzuschicken. Normalerweise wurde man zu dieser Zeit im Jahr vor allem von der Sonne beim Pilgern begleitet. In meinem Fall wollte der Regen allerdings noch nicht weichen. Und so stand fest: Bei dem angesagten miesen Wetter würde ich definitiv nicht noch einmal in meinem Zelt schlafen und dann könnte ich mir das zusätzliche Gepäck auch sparen. Dass das eine gute Entscheidung war, fiel mir direkt auf, als ich den Rucksack hochnahm: Es waren zwar nicht mehr als drei kg Unterschied, aber wer schon einmal mit Sack und Pack für mehrere Stunden wandern gegangen ist, wird wissen, dass auch wenige Gramm eine riesige Erleichterung darstellen können!

Obwohl ich zeitig aufgebrochen war, rannte mir die Zeit etwas davon. Mir lief ein streunender Hund über den Weg. Das kommt in Spanien öfter mal vor und so machte ich mir zunächst wenig Sorgen. Doch je länger die Hündin und ich in dieselbe Richtung liefen, desto mehr wurde mir bewusst, dass sie verwirrt war und Angst hatte. An einer Kreuzung kniete ich mich hin und die vorher noch so schüchterne Hündin lief mir sofort in die Arme. Sie trug ein Halsband, allerdings ohne Kontaktdaten oder Vergleichbares daran. Ich hielt sie also daran fest und rief die örtliche Polizeistation an - leider ohne Erfolg. Entweder ich kam gar nicht erst durch oder es war besetzt. Und so saß ich da erst einmal etwas ratlos an einer viel befahrenen Straße mit einem fremden Hund an meiner Seite.

Nach kurzer Zeit hielt ein Wagen mit einem jungen Paar an. In Englisch konnten wir zumindest so viele Informationen austauschen, dass auch sie versuchten, die Polizei zu erreichen – auch ohne Erfolg. Und im Grunde bestätigte sich für mich dann ein weiteres Mal, wie herzlich die Spanier sind: sie klingelten bei einem Haus, welches direkt an der Kreuzung lag und auch dort kam dann ein überaus hilfsbereiter junger Mann heraus, der ebenso erfolglos die Polizei kontaktierte. Kaum zu glauben, aber das Paar machte sich schließlich mit dem Auto auf den Weg zur Polizeistation, um direkt jemanden um Hilfe zu bitten. Nach einem netten Plausch mit Gabriel (der Bewohner des Hauses) kam dann irgendwann endlich die Polizei. Inzwischen war mindestens eine Stunde vergangen und ich geriet etwas in Zeitdruck, da ich eine bestimmte Check-in-Zeit für mein Zimmer hatte - die Hündin war mir allerdings trotzdem wichtiger gewesen.

Es wurde festgestellt, dass die Hündin nicht gechipt war und somit die Polizei keine Verantwortung für den Hund übernehmen würde, sondern ein Tierheim zur Abholung kommen müsse. Netterweise nahm Gabriel die Hündin bei sich auf und ich konnte weiterlaufen. Ich würde später eine Nachricht von ihm bekommen, dass sie dank eines Facebookaufrufes wieder zurück zu ihren Besitzern gefunden hat!

Glaube an das Gute im Menschen -
egal wie schwer es manchmal fällt

Ich bin mir sicher, dass auch du schon schlechte Erfahrungen mit Menschen gemacht hast. Irgendwie gehören diese im Leben dazu. Ich habe schon einige kennengelernt, die sich sicher waren, dass alle Menschen im Grunde schlecht und nur auf den eigenen Vorteil bedacht seien. Mit dieser Ansicht wollte und konnte ich mich noch nie anfreunden. Und auch, wenn es zu sehr nach rosaroter Brille klingt, so glaube ich immer fest an das Gute im Menschen und versuche demnach auch auf jeden ohne Vorurteile zuzugehen. Meistens werde ich nicht enttäuscht, denn was man den Menschen entgegenbringt, das bekommt man meist auch widergespiegelt. Obwohl ich an diesem neunten Tag meiner Wanderung bereits so schöne Erfahrungen mit den Menschen vor Ort gemacht hatte, sollte ich jetzt die Kehrseite kennenlernen.

Als ich direkt im Anschluss an die "Hunderettung" durch ein Wohngebiet ging, wurde ich Opfer von sexueller Belästigung. Das war nicht das erste Mal, dass sich ein Mann mir gegenüber mehr als unangebracht verhielt und ich denke davon können leider viele, insbesondere Frauen, ein Lied singen. An diesem Tag allerdings wurde ich leider Zeugin von Exhibitionismus und das war für mich erschütternder, als ich im ersten Augenblick angenommen hatte: Denn als mir dieser Mann nach seiner Zurschaustellung auch noch folgte, brach in mir Panik aus. Da ich wusste, dass ich die örtliche Polizei leider nicht telefonisch erreichen würde, teilte ich umgehend meinen Standort und rief meinen Vater in Deutschland an. Allein, dass ich das Telefon am Ohr hatte, schien den Mann allerdings schon abzuschrecken. **Mein** Schrecken war damit allerdings nicht vorbei. Ich brauchte einige Zeit, um die Situation zu verarbeiten und bin dankbar durch das Telefonat nicht ganz auf mich gestellt gewesen zu sein. Ich empfehle dir, jegliche Belästigung sofort zur Anzeige zu bringen. Auch in meiner Situation wäre das der richtige Weg gewesen. Ich habe mich allerdings so sehr von meiner eigenen Scham im Augenblick sowie von der Panik beeinflussen lassen, dass ich nur noch das Weite gesucht habe. Ganz nebenher konnte die Polizei kein Englisch und so wäre es mir kaum möglich gewesen, die Situation zu erklären.

Ich musste erst einmal ein paar Nächte über diese Zeilen schlafen. Tatsächlich fiel es mir nicht ganz leicht, diese Erfahrung mit dir zu teilen. Irgendetwas daran hat so ein ungutes und beschämendes Gefühl in mir ausgelöst, dass ich heute Nacht sogar davon geträumt habe - dabei ist inzwischen weit über eine Woche vergangen.

Jetzt sitze ich an unserem Stellplatz für die Nacht direkt an der Steilküste in unserem Bulli nahe Peniche. Ich habe mich heute, obwohl ich Lust verspürte, zunächst davor gedrückt wieder zu schreiben, da die Sonne scheint. Komisch, oder? Manchmal lösen ganz banale Situationen kritische Gedanken in mir aus und obwohl es mir derzeit wirklich gut geht, muss ich mich diesem Gedanken von Zeit zu Zeit dann doch stellen. Daher habe ich mir eben klar gemacht, dass es absolut nicht schlimm ist, wenn ich nicht jede Sonnenstunde mitbekomme und - besonders, wenn ich doch die Motivation dafür verspüre, ganz einfach das tun sollte, wonach mir gerade ist, statt es immer und immer wieder in Frage zu stellen.

Zurück zu meinen Abenteuern auf dem Jakobsweg

An Tag neun war ich etwas erschrocken, wie hässlich Vigo mir vorkam, als ich die Stadt Schritt für Schritt durchquerte, da meine Unterkunft mitten im Zentrum lag. Graue Häuser, dicht an dicht gebaut und kaum ein grünes Fleckchen. Doch der historische Teil der Stadt soll durchaus schön sein - so hörte ich es zumindest später von anderen. Ich kämpfte mich an diesem Abend also fix weiter und hatte sowieso keine Motivation mehr, die Stadt zu erkunden. Am Abend war ich einfach nur froh, in einem Bett alleine in meinem eigenen Zimmer für die Nacht liegen zu dürfen. Für den kommenden Tag hatte ich mir eine lange Etappe über 36 Kilometer vorgenommen, daher ging ich früh ins Bett, um möglichst ausgeschlafen zu sein.

Jene, die mich näher kennen, werden nun denken: "Nana und früh fit sein? Nur machbar, wenn es um die Arbeit geht", denn ich bin an freien Tagen absolut kein Fan von frühem Aufstehen. Und doch tat ich es!

Ein Wiedersehen der besonderen Art

Ich freute mich darauf, diese lange Etappe allein laufen zu dürfen. Das Wetter zeigte sich weiterhin wechselhaft und so sah ich mich in Regenjacke mit Mütze gut gewappnet für alle Gegebenheiten. Gestartet war ich um 7 Uhr und gegen 10 Uhr gönnte ich mir eine kurze Verschnaufpause bei einem Kaffee. Die täglichen Pausen für einen guten Kaffee und etwas Süßes waren auf jeder Etappe etwas Besonderes: Im Süden gibt es viele verschiedene Varianten von leckeren kleinen Küchlein, die du dir bei Gelegenheit unbedingt einmal auf der Zunge zergehen lassen solltest!

Ich bahnte mir den Weg durch den Wald, sprang zwischen den Pfützen hin und her und genoss die Zeit auch bei diesem Schietwetter. Auf dieser Etappe trafen der Jakobsweg, welcher an der Küste entlangführt, und die Route, die sich durch das Inland bahnt, aufeinander. Daher wurde es nun wesentlich wuseliger auf den Wegen. Da ich noch ziemlich fit war, überholte ich Stück für Stück eine Menge Pilger und kam daher zügig voran!

Etwa zehn Kilometer vor meinem gebuchten Hostel in Pontevedra sah ich plötzlich im strömenden Regen drei Mädels vor mir auf dem Weg und wusste sofort, um wen es sich handelte: Josie, Rachel und Francesca! Als Josie mich entdeckte, gaben wir beide einen kleinen Freudenschrei von uns. Nachdem ich einen Tag im Haus direkt am Meer Pause gemacht hatte, war die Wahrscheinlichkeit, sich noch einmal wieder zu sehen recht gering, aber nun war es durch meine lange Etappe doch dazu gekommen. Für mich war das ein wunderbarer Moment, da besonders Josie mir vom ersten Augenblick an enorm ans Herz gewachsen ist.

Unter einer Art Zelt, das mitten im grünen Wald mit Planen hergerichtet worden war, spielte Musik und es wurden leckere Snacks angeboten, fanden wir etwas Trockenheit zum Verschnaufen. Es herrschte, trotz Bindfadenregens, eine gelöste Stimmung: Man unterhielt sich über seine durchnässte Kleidung, verputzte den eigenen Vorrat oder kaufte sich vor Ort ein kleines Andenken; beispielsweise in Form eines süßen Armbandes. Nach der kurzen Pause unter dem provisorischen Unterstand entschieden Josie und ich die letzten zehn Kilometer gemeinsam zu gehen. Die beiden anderen Mädels hatten vor, etwas langsamer zu machen und so würden wir uns dann eben erst in Pontevedra wiedersehen. Nachdem mir Josie auf dem Weg plötzlich mit so einer Herzlichkeit ein Freundschaftsarmband überreichte (wann habe ich das letzte Mal so etwas gehabt?! Aber Fakt ist: Dafür ist man niemals zu alt!), habe ich mich irre gefreut und wir nahmen uns vor, am Abend zur Feier unseres Wiedersehens essen zu gehen - unbedingt inklusive einer Portion Churros!

Keine einzige Blase, aber ...

Ganz ohne körperliche Beschwerden sollte der Jakobsweg doch nicht
für mich ablaufen. Obwohl ich dank meiner Barfußschuhe keine einzige
Blase gelaufen hatte, machten mir an Tag 11 meine Ferse und die Achil-
lessehne etwas zu schaffen. Ich gehe davon aus, dass eine leichte Über-
beanspruchung eingetreten war, da ich in meinen Schuhen schließlich
keine Dämpfung hatte. Wir gingen also langsamer und legten viele kleine
Pausen ein. Mal abgesehen von meinen Schmerzen, zwang uns der Regen sowieso dazu. Denn der wollte einfach nicht aufhören - ob Nieselregen, Starkregen oder in Form von über das Ufer getretener Flüsse - der
Niederschlag war stets mit von der Partie. Und auch, wenn uns dieser
nach einiger Zeit unglaublich auf die Nerven ging, da wir bis auf die Haut
durchnässt waren, so hoffe ich doch sehr, dass ich diesen Tag des Jakobsweges für immer in Erinnerung behalten werde. An diesem Tag habe ich
so von Herzen gelacht wie lange nicht mehr. Wir sind irgendwann nur
noch in Badelatschen gepilgert, da wir sowieso ununterbrochen durch
überschwemmte Bäche wateten oder ebenso durch tiefen Schlamm liefen. Und obwohl die Kilometer sich an diesem Tag so in die Länge zogen, genoss ich ihn meiner Begleitung wegen besonders.

Vorletzter Tag: Und plötzlich zeigt sich die Sonne!

Am 12. Tag brach ich allein um 8:45 Uhr in der Unterkunft auf - Josie
wollte diesen Tag noch einmal nur für sich verbringen und genau danach
stand mir auch gerade der Sinn. Noch einmal dieses Freiheitsgefühl in
sich aufnehmen und eben nur sein. Nicht mehr und nicht weniger.
Bereits gegen 13:30 Uhr kam ich in unserer letzten Pilgerunterkunft
in Padron an. Dank Ferseneinlagen, die mir Josie vermacht hatte, konnte
ich diesen Tag weitestgehend ohne Schmerzen abschließen und fühlte
mich in der Unterkunft direkt wohl. Als Josie später ankam, machten wir
einen Spaziergang durch die Stadt und konnten kaum unseren Augen
trauen, als sich das erste Mal nach Tagen die Sonne zeigte! Wir feierten
das direkt mit einem Eis. Leider meldete sich im Anschluss Hektor - mein
Reizdarm - das erste Mal während des Weges zu Wort. Nun ja, auch

wenn es niemals angenehm ist, wenn er sich durchsetzt, bin ich mehr als dankbar, dass er sich dieses Recht erst am vorletzten Tag herausnahm!

Von Freudentränen und Enttäuschung

Wir starteten an Tag 13 früh gegen 7:15 Uhr Richtung Santiago de Compostela. Vor uns lagen noch ungefähr 26 Kilometer, bevor wir unseren Jakobsweg abschließen würden. Wir zelebrierten gefühlt jeden Kilometer und zwischendurch, als die Sonne sich erneut zeigte, konnte Josie sich die ersten Tränen nicht mehr verkneifen - vor Dankbarkeit allerdings auch des "Endes" wegen. Der Weg führte uns erneut sowohl durch Wald als auch durch bewohnte Abschnitte. Die Stimmung war regelrecht "aufgeheizt", weil jeder sowohl die Ankunft in Santiago de Compostela kaum erwarten konnte und trotzdem irgendwie noch nicht das Gefühl vom Jakobsweg loslassen wollte.

Nachdem sich die letzten Kilometer mal wieder wie Kaugummi zogen, nahm ich Josies Hand, als wir plötzlich die Kathedrale vor uns sahen. Der letzte Abschnitt des Jakobsweges führte durch die Stadt auf hartem Asphalt, vorbei an vielen Läden, historischen Gebäuden und noch mehr Urlaubern. Ein paar hundert Meter noch und dann würden wir da sein. Wir schlängelten uns durch die vielen Menschen, die sich in den engen Gassen der Stadt von dem besonderen Flair berieseln ließen. In mir breitete sich schon währenddessen ein eigenartiges Gefühl aus. Doch als Josie mir auf dem Vorplatz gegen 14:20 Uhr mit Blick auf alle Pilger, die bereits eingetroffen waren, um den Hals fiel, kämpfte auch ich mit der einen oder anderen Träne. Joss und Azura, die ihren Weg mit dem Bulli nach Santiago de Compostela gefunden hatten, begrüßten uns und wir trafen im Anschluss auch auf Nele und Daniel, die am frühen Nachmittag ins Ziel gelaufen waren.

Leider regten sich in mir auch an diesem Tag, während Josie und ich unsere Jakobsweg-Urkunde abholten, wieder starke innere Konflikte. Ich tat mich schwer, überhaupt so etwas wie Freude oder Euphorie zu verspüren. Auch, wenn ich sehr von den großen Emotionen der anderen berührt war, so empfand ich selbst sehr wenig. Ich fühlte in mich hinein und stellte mich und meine "Leistung" direkt infrage, anstatt einfach im Moment zu bleiben. Und wenn ich erst einmal damit angefangen habe, wird es wirklich schwierig, da wieder raus zu finden. Ich habe es an diesem Tag einfach angenommen. Ich wusste, dass meine Gefühlslage auch mit der von Joss zu tun hatte. Ihm ging es während meiner Abwesenheit nicht gut und natürlich löste es in ihm keine große Freude aus, all die Pilger zu sehen, die es geschafft hatten - er wäre schließlich auch so gerne einer von ihnen gewesen. Ich ärgere mich manchmal darüber, dass ich so empfänglich für die Emotionen anderer bin, dabei ist es oft auch etwas Wunderschönes. Vielleicht lag das mit meiner "fehlenden" Euphorie auch nur an der Tatsache, dass von Beginn an der Weg das Ziel gewesen ist. Und diesen habe ich währenddessen immerzu zelebriert und ganz allein für mich gefeiert.

Wir haben inzwischen Mitte Mai und ich bin angekommen - in meiner ganz persönlichen Auszeit und derzeit vor allem in Portugal. Seitdem ich vor mehr als acht Jahren das erste Mal in diesem Land für einen Familienbesuch war, bin ich verliebt. Insbesondere in das stürmische Meer, den Wind, der ohne Ablass die Frisur durcheinanderbringt und die Menschen mit ihrer entspannten Art. Ach, die süßen Cafés an jeder Ecke, die liebe ich auch ganz besonders. Dass ich angekommen bin, bedeutet leider nicht, dass ich nicht noch immer Probleme damit habe, den Moment zu genießen, statt gedanklich schon in der Zukunft herum zu grübeln oder in der Vergangenheit zu stochern. Aber manches lässt sich nicht mal eben ändern und so versuche ich zumindest, stets den kleinen Dingen besonders viel Aufmerksamkeit zu schenken.

So standen wir zum Beispiel vor einigen Tagen am Strand von Âncora. Für mich war das ein besonderer Stellplatz, da er uns direkte Sicht auf das tobende, tiefblaue Meer bot und sogar über eine öffentliche Toilette verfügte. Dank dieses besonderen Ortes durfte ich ein weiteres Mal mein "Meerweh" stillen. Ich genoss die Wärme auf den riesigen Steinen am Wasser, die mich dazu einluden, darauf Yoga zu üben und zu meditieren. Der Sand unter meinen Füßen, den ich von morgens bis abends versuchte besonders intensiv wahrzunehmen und dann der atemberaubende Blick auf den Sonnenuntergang, während die Surfer versuchen, die perfekte Welle zu erwischen. Neben vielen Stunden, die wir mit dem Sonnenbaden verbrachten, unternahm ich ausgedehnte Spaziergänge mit Azura direkt am Wasser oder auf den Stegen entlang der Küste, von denen aus man den Ausblick direkt aus den Dünen heraus genießen konnte. So viele kleine Dinge, die für mehr Dankbarkeit in mir sorgten und mich ruhiger stimmten.

Ein Spaziergang der Gegensätze

Wir schreiben den 19. Mai. Derzeit bin ich mit Azura allein unterwegs, da Joss gerade an einem Surfretreat teilnimmt. Nachdem der Tag gestern von viel Zeit im Auto geprägt war, hatte ich mir für heute viel frische Luft für uns beide eingeplant. Im Endeffekt waren wir dreieinhalb Stunden nahe des Flughafens von Faro rund um den "Ludo Trail" unterwegs. Eigentlich wollte ich diesen Wanderweg von circa fünf km Länge entlang spazieren und eine Pause am Strand machen. Allerdings gehe ich ungern denselben Weg hin und zurück - ich wollte also unbedingt eine Möglichkeit finden, eine "Runde" zu drehen. Und weil ich inzwischen ziemlich offen für Unerwartetes bin, sind wir einfach los gelaufen. Zunächst einmal ging es über einen beinahe malerischen Holzsteg vorbei an Golfplätzen auf der rechten Seite und links den Naturpark Ria Formosa, ein Feuchtgebiet, welches insbesondere durch seine Vogelartenvielfalt für viele Besucher von Interesse ist.

Ich bin kein Fan von vielen Menschen auf einem Haufen, daher war ich froh, als ich das Gewässer über den Steg und eine Brücke überquert hatte - darauf tummelten sich nämlich viele „Golftouris" von oben bis unten in Markenklamotten (kein böses Vorurteil! Ich finde einfach, dass Golfspieler dadurch oftmals herausstechen) und Rentner im „Rentnergeschwindigkeitsmodus".

Schließlich kam ich an einen breiten Sandstrand, welcher keine Hundeverbotsschilder aufwies, was sowohl mich als auch Azura sehr erfreute. Diese Hündin liebt Wasser nämlich genauso wie ich. Der Strand war menschenleer und ich genoss den Sand unter meinen Füßen, während Azura augenscheinlich damit beschäftigt war, für die Rückkehr in den Bulli später möglichst sandig zu werden.

Wir liefen eine ganze Weile und irgendwann war mir danach, diesen Moment für mich festzuhalten. Allein mit Azura an einem riesigen Strand, nur mit dem wilden Meer und der Sonne im Gesicht. Ich positionierte also mein Handy hochprofessionell (nicht) auf meiner Tasche, mit einigem Abstand zum Meer und hoffte darauf, dass es nicht in den Sand fallen würde. Als ich die Aufnahme startete und einfach mit Azura spielte, schien sich das Meer zu denken "HA HA!" und schickte uns plötzlich eine riesige Welle, die nicht nur meine Hose bis übers Knie in Salzwasser tauchte, sondern auch auf meine Tasche zu rollte. Ich hechtete also wie ein Huhn - halb springend, halb laufend - durch den Sand und griff im letzten Augenblick nach dem verdammten Handy und der Tasche, die allerdings schon bis zur Hälfte im Wasser stand. Azura sah mich an, als hätte ich nicht mehr alle Tassen im Schrank. Von außen betrachtet muss meine Rettungsaktion ziemlich lustig ausgesehen haben. Was ein Glück, dass ich über mich selbst lachen kann und sowieso allein am Strand war.

Wir setzten unseren Spaziergang fort und landeten schließlich nach einer ganzen Weile wieder an einem Steg, der uns rauf in ein kleines Wohngebiet führte. Ich fand es interessant, dass der Steg die einzige Möglichkeit war, zu den Häusern zu gelangen, denn es gab keine Straße und hinter den Häusern rechts war der Strand, links dahinter befand sich das Ufer des Naturschutzgebietes. Die Häuser sahen heruntergekommen und beinahe abgeschottet aus, sie boten einen verstörenden Kontrast zu der feinen Gegend beim Golfpark. Ich stellte mir ihre Bewohner vor, die ganz anders sein mussten als die teuer gekleideten „Golftouris" und empfand es als irritierend, dass so nah beieinander so verschiedene Welten existierten.

Während wir uns durch ein Konzert von bellenden Hunden (keine Seltenheit in Portugal) beschallen lassen durften, folgten wir dem Steg weiter zwischen den Häusern. Ich entschied mich irgendwann, dass es an der Zeit wäre, meine Schuhe wieder anzuziehen. Und direkt im Anschluss stellte sich das als sehr richtige Entscheidung heraus, da ein kleiner Hund erst wild hinter einer Mauer meckerte und plötzlich über diese sprang. Jap, so hab ich auch geguckt! Während ich Azura auf meiner linken Seite möglichst weit vom Hund fernhielt, wehrte ich diesen auf meiner rechten mithilfe meines Fußes ab. Wieder eine Situation, die mit Sicherheit Potenzial gehabt hätte, aufgenommen zu werden!

Da ich eine Cappuccino-Genießerin bin, gehörte es für mich auch an diesem Tag dazu, in Ruhe einen Kaffee zu trinken. In Portugal bekommt man einen leckeren Milchkaffee, wenn man einen Galão bestellt. Nach dieser kurzen Pause, während der ich Azura frisches Wasser servierte, kamen wir dann auch bald wieder ziemlich müde an dem Bulli an - ein schöner Ausflug mit noch schönerem Ausblick lag hinter uns!

Allein mit mir selbst

Bist du schon einmal allein gereist? Für viele ist es unvorstellbar, für andere wiederum das Normalste der Welt. Ich selbst hatte bisher nur dank diverser Geschäftsreisen die Erfahrung gemacht, allein unterwegs zu sein. Das war und ist für mich auch immer eine nette Abwechslung zum Aufenthalt in einem Großraumbüro gewesen. Die Erfahrung, allein im Bulli zu übernachten, hatte ich bereits ein paar Mal gemacht. Mehrere Tage allein unterwegs zu sein - in einem Land, dessen Sprache ich nicht spreche, war für mich allerdings eine neue Situation. Und ich freute mich ehrlich gesagt, diese zu erleben. Nachdem die erste Zeit davon geprägt war, meine eigene Ordnung zu finden, stellte mich der letzte Tag, bevor ich sowohl meine Freundin Mandy vom Flughafen als auch Joss von seinem Retreat abholen würde, vor eine Herausforderung.

Ich startete bereits mit Kopfschmerzen und übler Laune in den Tag. Ich war mental einfach nicht auf der Höhe. Dabei hatte ich einen sehr angenehmen und ruhigen Stellplatz in Quarteira gehabt und fühlte mich dort sehr sicher. Ich weiß allerdings, dass mein körperlicher und mentaler Zustand eher mit meiner anhaltenden Periode zu tun hatte. Normalerweise habe ich "einfach" sehr schlimme Unterleibschmerzen, die mich während dieser Zeit begleiteten und welche ich mit einigen Tabletten in Schach hielt. Dieses Mal war es anders: die Unterleibsschmerzen meldeten sich kaum, dafür hatte ich ständig Kopf- und Gliederschmerzen und war bei jeder Kleinigkeit mental aufgelöst. An diesem besagten Morgen versuchte ich also nach ein paar aufmunternden Sprachnachrichten von meiner Jakobsweg-Freundin Josie das Positive in Kleinigkeiten zu finden und ließ mich dafür zunächst in einem kleinen Lokal nieder, um meinen Kaffeedurst zu stillen. Als es mir auch nach einem Spaziergang nicht besser ging, legte ich mich dann noch mal mit Azura für eine Stunde hin. Um 12 Uhr dachte ich mir: Wenn du jetzt nicht aufstehst, tust du es heute gar nicht mehr. Ich bündelte also meine wenige Energie und beschloss,

Wäsche waschen zu gehen. Und dann passierte es: Beim Ausparken machte es "RUMS" - ich hatte einen Pfeiler übersehen. Zunächst ging ich davon aus, dass ich ihn wirklich nur leicht mit der Stoßstange geküsst hätte, aber als ich parkte und mir den Schaden ansah, ging meine bereits angeschlagene Laune endgültig den Bach runter. Nicht nur der Stoß-stange hatte ich eine tiefe Delle inklusive Bruch verpasst, auch der Au-ßenreflektor war kaputt.

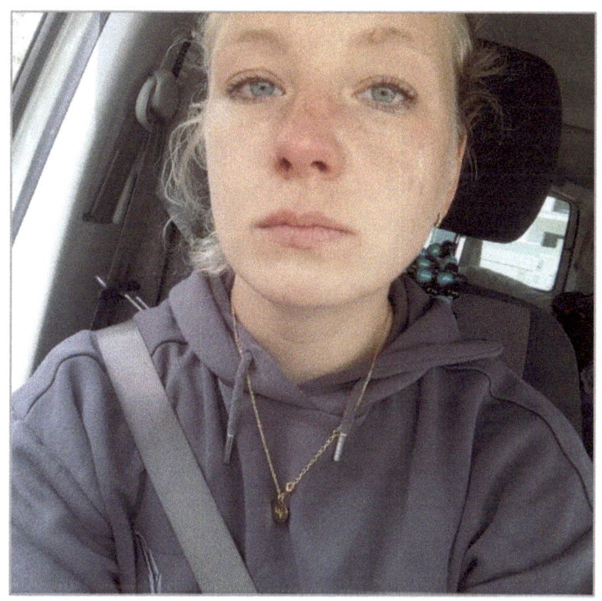

Warum erzähle ich dir von diesem Erlebnis? Nun ja, danach herrschte bei mir erst einmal "Land unter". Meine Hormone spielten sowieso ver-rückt, mein Körper war alles andere als fit und nun strafte ich mich in-nerlich auch noch dafür, wie ich doch so doof sein konnte diesen blöden Pfeiler zu übersehen - wäre ich nach meinem Mittagsschlaf doch einfach liegen geblieben!

Ich saß dann tatsächlich am Steuer im Bulli und weinte. Ich fühlte mich allein und plötzlich war es nicht mehr das, was ich gerade gerne sein wollte. Als hätte er es gespürt, rief mich genau in diesem Moment Marc per Video-Call an. Er versuchte sein Bestes, aber ich war einfach nicht offen für eine Aufmunterung. Und das ist gerade der Punkt, warum ich diese Geschichte mit dir hier teilen möchte: ich finde es wichtig, dass wir auch schlechte Tage annehmen und akzeptieren, statt auf Krampf zu versuchen, wieder zur guten Laune zurückzufinden. Ob Hormone oder eine Last, die von woanders her rührt: Du musst dich nicht immer zwingen, das alles beiseite zu schieben und runterzuschlucken. Auch negative Gefühle dürfen und sollten gefühlt werden - ein Satz, der auch von meiner Therapeutin stammen könnte. Denn auch diese Gefühle wollen uns immer etwas zeigen und im Umkehrschluss tatsächlich eine leitende Hilfe sein. Also habe ich für mich übernommen, auch diese Emotionen einfach sein zu lassen. Mir persönlich geht es danach immer viel besser. Es fühlt sich dann an, als wäre das Glas übergelaufen und ich hätte mir die Zeit genommen, es zu leeren und "neu zu starten". Wenn wir ewig alles in uns hineinfressen, läuft unser Glas dauerhaft über und wir finden so überhaupt nicht mehr zu unserer eigenen Balance zurück.

Übrigens konnte ich im Anschluss an meinen kleinen "mental breakdown" noch richtig produktiv sein. Ich habe den Bulli verschönert und unter anderem Lichterketten angebracht, die für eine gemütlichere Stimmung gesorgt haben. Auch habe ich mir danach etwas Leckeres zu Essen gezaubert. Im Bulli zu kochen, bedeutet immer etwas mehr Aufwand: Die "Küche" besteht aus einer Box, die unter dem Bett verstaut ist und alle nötigen Kochutensilien wie Pfanne, Besteck und Co beinhaltet. Mit Hilfe eines Gaskochers lassen sich so auch auf einer Bullitour leckere Gerichte zaubern! Joss kocht regelmäßig richtige Eintöpfe, bestehend aus Gemüse, Linsen oder Reis. Für mich gab es viel Haferbrei mit frischen Früchten oder einen Auflauf aus unserem Omnia (eine Art Camping-Backofen). Ich finde es wichtig, sich besonders an solchen Tagen gute Dinge zu tun. Egal, ob in Form eines besonderen Essens, welches dem Körper guttut, oder eine Runde für sich zu tanzen. Am Ende sind es oftmals die kleinen Dinge, die unsere Seele braucht, um wieder Energie zu schöpfen.

Heute, am 20. Mai, habe ich meine liebe Freundin Mandy vom Flughafen in Faro abgeholt. Wir haben uns über den Rehaaufenthalt in der Burgklinik kennengelernt und ich bin unglaublich froh, sie nun in meinem Leben zu haben. Daher war die Freude besonders groß, als sie mit der Idee daher gekommen war, dass sie mich doch besuchen kommen könnte und ebenfalls an dem Yoga Retreat teilnehmen würde, welches ich gebucht hatte. Auch Joss haben wir später eingesammelt und nun sitzen wir auf dem Campingplatz in Salema. Es ist hügelig, junge Kiefern spenden mäßig Schatten und die Sonne brennt. Ich genieße es gerade sehr, nicht mehr allein zu sein!

12. Yoga Retreat und ein erstes Resümee

Der Mai ist schon bald rum - das ist mir heute Morgen plötzlich bewusst geworden. Zwei Monate des Sabbaticals sind schon vorüber. Da hat sich bei mir sofort ein Gefühl von der Angst aufgebaut, eventuell etwas verpasst zu haben, in der Zeit nicht "genug" erlebt zu haben oder zu wenig verbleibende Zeit zu haben, um Europa auf meine Weise entdecken zu können. Ich hinterfragte den Druck, der in mir hochkam und machte mir dann bewusst, dass ich doch gar keine Eile habe. Vielmehr ist das doch eine der wenigen Chancen in meinem Leben, Zeit als relativ zu betrachten und eben gar keinen Blick auf Uhr oder Kalender werfen zu müssen. Weiteres von der Welt entdecken kann ich - in der Hoffnung, dass ich gesund und munter bleibe - noch viele Jahre. Aber die Möglichkeit von (beinahe) jeder zeitlichen Einschränkung losgelöst zu sein, ist etwas, das ich wirklich auskosten möchte. Und dabei geht es für mich dann zum Beispiel darum, sich einen Kaffee mehr im Café ums Eck zu gönnen oder stundenlang am Ozean zu sitzen und die Wellen zu beobachten. Und genau das werde ich von jetzt an noch mehr beherzigen. Denn natürlich bin ich nicht frei davon, mich immer wieder zu fragen, ob meine Reise meinen eigenen Ansprüchen und Erwartungen gerecht wird. Dabei kann ich dies immer wieder neu steuern und den Plan (den es sowieso nicht im engeren Rahmen gibt) jederzeit anpassen.

Vielleicht hängt meine derzeitige Einstellung auch damit zusammen, dass ich in diesem Moment gemeinsam mit Mandy an meinem ersten Yoga Retreat nahe Aljezur in Portugal teilnehme. Ich bemerke, wie viel ausgeglichener ich doch bin, wenn ich nicht einmal mehr die Verpflichtung habe, mir selbst etwas zu Essen zu kochen. Für mich bedeutet dieser Aufenthalt ganz bei mir anzukommen und möglichst wenig Zeit am Handy zu verbringen. Und das funktioniert erstaunlich gut! Die Zeit, die ich auf sozialen Netzwerken unterwegs bin, habe ich bereits im Laufe der Reise hierher immer mehr reduziert. Aber natürlich gibt es noch immer Tage, an denen ich plötzlich in deren Sog festsitze.

Der Tag beginnt hier um 7:30 Uhr mit Yoga. Erst hatte ich die Befürchtung, dass es für mich zu früh sein könnte, aber diese hat sich nicht im Geringsten bestätigt. Im Gegenteil: ich finde großen Gefallen daran mit einem Flow zu starten und danach eben noch einen "jungen" Tag vor mir zu haben. Nach einem kleinen Frühstück fahren die Surfer zum Strand und ich habe Zeit, das zu tun, was sich für mich gerade gut anfühlt. Heute war mir danach, faul in der Hängematte zu liegen, bevor ich dann erneut für mich allein Yoga geübt habe.

Gestern habe ich die anderen zum Strand begleitet und bin den Weg zurück entlang der Steilküste gelaufen. So eine Küste wie hier habe ich noch nie gesehen. Hier ist Portugal besonders wild und scheint manchmal sogar unberührt bei all den wilden Blumen und der grenzenlos erscheinenden Steilküste, die sich vor einem erhebt. Der Weg entlang dieser gehört zum Wanderweg namens "Fisherman's Trail" und nachdem ich nun schon zweimal einen Teil davon entlang spaziert bin, hätte ich durchaus

Interesse, ihn selbst mal zu laufen - er umfasst über 200 Kilometer. Na, wollen wir mal sehen, ob ich zurückkomme, um dieses Abenteuer zu erleben!

Am Abend findet dann erneut eine Yoga Class statt. Und im Anschluss gibt es ein wirklich köstliches Abendessen. Das wird definitiv nicht mein letztes Retreat sein und vielleicht habe ich mein Herz an diesen Ort hier ein Stückchen verloren und würde sogar genau hierher zurückkehren! Denn auch hier sind die Menschen wieder so offen, liebevoll und interessiert. Jeder ist bei sich und gleichzeitig ist man beieinander. Es wird gequatscht, gelacht, aber auch geschwiegen. Freundschaften entstehen und man fühlt sich bereits am Ende des ersten Tages sehr wohl. Und egal, ob man bereits gesurft ist oder je Yoga ausprobiert hat: Hier fühlen sich Anfänger genauso zugehörig wie Fortgeschrittene.

Inzwischen hat das letzte gemeinsame Abendessen stattgefunden. Es war "Pizzanight" und wir haben wirklich wundervolle Gespräche geführt. Ein besonderer Moment war, als sich herausstellte, dass unsere Yogalehrerin Alex vor einem halben Jahr in Sri Lanka bereits Bekanntschaft mit einer sehr guten Freundin von Mandy und mir gemacht hat. Die Welt ist so verdammt klein! Wir haben dann noch ein Gruppenbild zur Erinnerung gemacht und den Abend ausklingen lassen.

Am Tag darauf war es dann Zeit, sich zu verabschieden. Obwohl Mandy und ich diese Menschen gerade einmal drei Tage kannten, sind sie uns so sehr ans Herz gewachsen und es fiel uns gar nicht leicht, tschüss zu sagen. Trotzdem konnte ich für mich feststellen, dass ich nun auch wieder Lust hatte, in den Bulli zurückzukehren. Das zeigt mir besonders, wie wohl ich mich in unserem fahrenden Zuhause fühle und gibt mir daher ein sehr gutes Gefühl.

Gestern sind wir von Aljezur nach Tavira zu Joss' Vater gefahren, der hier ein Gästehaus betreibt - ein wirklich wunderschöner Ort! Schon während der Fahrt stellten wir fest, dass wir die 30°C-Marke geknackt hatten und heute ist es ebenso heiß. Für Azura auch eine neue Erfahrung. Wir räumen ihr daher so viele Pausen im Kühlen ein, wie nur möglich. Bevor Mandy und ich heute Nachmittag neue Farbe unter unsere Haut stechen lassen werden, ging es für uns zur Abkühlung noch zu einem Wasserfall hier vor Ort. Diesen habe ich bereits vor vielen Jahren gemeinsam mit Joss besucht und ich habe mich sehr gefreut, zurückzukehren! Es ist eine richtige Oase im Grünen und das Wasser raubt einem mit seiner türkisen Farbe beinahe den Atem. Ein Ort, an dem man die Seele baumeln oder sich an einem Seil von einem Baum direkt in das kühle Nass schwingen kann. Letzteres nutzte Joss mehrfach und auch Azura kam voll auf ihre Kosten, indem sie immer wieder ein Stück mit uns gemeinsam im klaren Wasser schwamm!

Wann wir unsere Reise in Richtung Spanien fortsetzen, wissen wir in diesem Augenblick noch nicht. Übermorgen müssen wir erst einmal von Mandy Abschied nehmen, da sie wieder zurück nach Deutschland fliegen wird. Joss ist hier in Portugal aufgewachsen und daher liegt ihm natürlich viel daran, ein bisschen Zeit vor Ort zu verbringen. Erst einmal bin ich wieder sehr dankbar für die Zeit mit Mandy. Vor allem für die Gespräche und die Art und Weise, wie wir miteinander umgehen. Auch zwischen Mandy und Joss sind immer wieder schöne Unterhaltungen entstanden, was mich natürlich auch sehr gefreut hat. Die nächsten Tage werden wohl erst einmal aus viel Entspannung und Zeit im Schatten bestehen. Wir werden sehen, welches Abenteuer als nächstes auf uns wartet - ich halte dich auf dem Laufenden!

Wir schreiben den 4. Juni 2024 und ich sitze unter einem Olivenbaum vor einer Finca in Andalusien. Manchmal wird mir klar, welch großes Privileg wir haben, das hier erleben zu dürfen. Und im anderen Moment erkenne ich, dass so viele Menschen im Stande wären, ihren Traum in die Tat umzusetzen, wenn sie sich nur trauen würden. Ich bin stolz, dass wir den Schritt gewagt haben.

Wir haben heute über 30 °C und waren daher sehr dankbar für den Pool der Gastgeber hier vor Ort. Es ist staubig und wir sind fernab von allem, es ist herrlich ruhig. In allen Himmelsrichtungen gibt es etwas zu sehen: Berge, die in der Ferne mit schroffen Felswänden emporsteigen und beinahe endlose Reihen von Olivenbäumen. Bevor wir heute wieder weiter ziehen - dieses Mal Richtung Caminito del Rey - habe ich mir die Zeit genommen nochmal ein paar Situationen Revue passieren zu lassen, die innerhalb unseres ersten Monats geschehen sind. Anhand meines Reisetagebuchs konnte ich mich ein wenig besser erinnern. Dank meiner depressiven Episode zu dieser Zeit ist mir das "nur" mit Hilfe meines Gedächtnisses kaum möglich. Das ist leider oft der Fall, wenn ich so eine Phase durchlaufe. Ich bin körperlich anwesend, allerdings nicht imstande, Momente wirklich zu erleben und abzuspeichern. Das ist auch der Grund, warum ich so froh bin, dass ich seit Beginn täglich konsequent Tagebuch schreibe!

Wer suchet, der findet?

Ab dem 7. April standen wir zum Beispiel für zwei Nächte das erste Mal auf einem Campingplatz in Fouras, das liegt unweit von La Rochelle in Frankreich. Obwohl es mir nicht gut ging, erinnere ich mich vor allem daran, dass ich mich sehr darüber gefreut habe, das erste Mal am Meer zu stehen. Wir hatten einen schönen Platz im Schatten ergattert (darüber freuten wir uns, obwohl es sowieso meistens regnete), nachdem ich den Bulli kurzzeitig im Matsch festgefahren und dann doch wieder raus bugsiert hatte.

Nach zwei Nächten Pause vom Fahren wollten wir wieder auschecken und Richtung Bordeaux weiterfahren, um unsere Heckklappe überprüfen zu lassen, die ihren Geist aufgegeben hatte. Doch als Joss von seinem morgendlichen Spaziergang mit Azura zurückkehrte, konnte er sein Handy plötzlich nicht mehr finden. Vorfälle dieser Art sind bei Joss keine Seltenheit, daher sorgten wir uns zunächst nicht. Während er seine Spazierroute noch einmal abging, stellte ich unser Zuhause auf vier Rädern auf den Kopf. Wir beide hatten keinen Erfolg. Da wir bald aufbrechen wollten und sowieso den Check-out "im Nacken" spürten, kam bald etwas Stress in uns auf. Wie du wahrscheinlich selbst nachvollziehen können wirst, ist so ein Handy nicht unwichtig und besonders auf einer Reise von großem Wert.

Es zog sich eine Odyssee von Suchen und Verzweifeln hin. Joss vermutete, das Handy beim Toben mit Azura auf einer Wiese verloren zu haben, die mehrere hundert Quadratmeter aufwies. Auch der Nieselregen zwischendurch trug nicht unbedingt zur Aufhellung von Joss' Laune bei. Ich machte den Check-out beim Campingplatz allein und versuchte möglichst beruhigend auf ihn einzuwirken. Bisher hatten wir sein Telefon schließlich auch schon mehrfach auf Wiesen und in Wäldern wiedergefunden. Aber ich muss zugeben, dass auch meine Hoffnung immer mehr erlosch, je mehr Zeit ins Land zog.

Während Joss die Wiese mit einem Stock durchkämmte, ging ich Schritt für Schritt durchs etwa 10 Zentimeter hohe Gras und hoffte auf ein kleines Wunder. Und dann, tatsächlich: nach über vier Stunden Sucherei und nachdem mir Joss gerade gesagt hatte, dass ich schon viel zu weit hinten auf der Wiese suchen würde, lag das Handy plötzlich vor meinen Füßen. Ich konnte es selbst kaum fassen, nahm es hoch und hob es wortlos in die Höhe. Der schaute mich erst einmal weiter verzweifelt an, da er zunächst nicht erkannte, was ich da in der Hand hielt. Und im Anschluss fielen wir uns einfach in die Arme.

Heute kann ich darüber schmunzeln, aber zu dem Zeitpunkt waren wir so unglaublich dankbar und erleichtert. Komisch, was einem ein Gerät doch bedeuten kann? Doch ich muss wirklich betonen, dass mir mein Handy ebenso wichtig ist. Schließlich speichert man dort Fotos, Videos und andere Inhalte, die einem ganz einfach am Herzen liegen. Cloud und Co. hin oder her: Man ist froh, wenn man alles im Original wieder in den Händen hält!

Ein kleines Dankeschön

Unsere Zeit in Frankreich war für mich nicht nur von meiner schlechten mentalen Verfassung geprägt. Dank meines Reisetagebuchs erinnere ich mich nun nicht nur an die "Handy-Geschichte", sondern auch an einen kleinen Aha-Moment, der dazu beigetragen hat, dass ich einmal mehr erkannte, wie wichtig es ist, es nicht immer nur allen um mich herum recht machen zu wollen, sondern vor allem mir selbst. Das zu erkennen, tat im ersten Moment ziemlich weh. Ich brauchte einige Zeit, um die Situationen zu verarbeiten und zu reflektieren, was ich da überhaupt gegen mich selbst tat: Selbstsabotage! Schließlich war ich der Meinung, dass ich auf diesem Gebiet der Selbstfürsorge schon ziemlich "weit" war, doch Selbstliebe und Fürsorge müssen von uns immer wieder geübt werden. Wir verlieren sie nämlich allzu gerne aus den Augen oder handeln nach einem veralteten und für uns selbst ungesunden Schema nur, weil wir es so gewohnt sind.

Joss und ich gerieten damals, unweit von Bayonne in Frankreich, in einen Konflikt: Eigentlich ging es dabei nur darum, wo wir mit dem Bulli stehen wollten. Ich hatte einen Parkplatz herausgesucht, der bei unserer Ankunft allerdings komplett überfüllt war. Nach einer langen Fahrt lagen bei uns beiden die Nerven blank und so geriet die Laune gelinde gesagt in Schieflage. Ich wollte weiter versuchen, an diesem atemberaubenden Ort direkt am Meer einen Parkplatz zu finden. Joss hingehen wollte einfach nur noch ankommen. Ich konnte seine Meinung durchaus nachvollziehen, doch wurde mir in der Situation bewusst, wie viel mir eine Nacht an diesem Stellplatz bedeuten würde. Trotzdem gab ich in der Situation nach, redete mir ein, dass ich zu viel verlangte und kein Drama provozieren sollte - pure Wut über mich selbst stieg in mir auf und ich hämmerte wie wild auf das Lenkrad, um etwas davon loszuwerden.

Als Joss und ich am Ausweichparkplatz ankamen, brauchte ich Freiraum und machte einen Spaziergang, um die Situation und meine Gefühle zu reflektieren. Joss schien diese Zeit ähnlich genutzt zu haben, denn als ich zurückkam, konnten wir das Thema erneut und dieses Mal in einer weniger "überschäumenden" Verfassung aufgreifen. Ich erkannte meine Selbstsabotage, Joss die Tatsache, dass unsere verschiedenen Blickwinkel immer wieder auch bedeuten, dass man gemeinsam reflektieren sollte, was das Richtige für alle Beteiligten wäre. Und so versuchten wir am Abend, wenn der Ansturm am Strandparkplatz hoffentlich nachgelassen hätte, erneut eine freie Parklücke zu ergattern.

Dieses Mal mit Erfolg! Belohnt wurden wir mit einem dunkelorange-farbenen Sonnenuntergang und der Erkenntnis, dass Kommunikation sowie genügend Raum für Selbstreflexion immer der Schlüssel zur Konfliktlösung bleiben.

Das ist auch wieder ein Moment, der mich zurück auf das Thema Traumata bringt. Wenn wir nämlich in unserer Kindheit die Erfahrung gemacht haben, dass vor allem dann Frieden herrscht, wenn wir uns selbst zurücknehmen und das tun, was man uns sagt, neigen wir als Erwachsene dazu, dieses Verhalten weiterhin, vollkommen selbstverständlich, anzuwenden. Das meinte ich weiter oben: Man muss selbst erst einmal erkennen, wenn solch eine Situation entsteht und während dieser die eigene Handlung anpassen.

Als ich Joss in der genannten Situation erklärte, was in mir vorging und warum ich nach der vergangenen Auseinandersetzung an erster Stelle so unfassbar wütend auf mich selbst war, verstand er mich besser. Und auch für sich selbst konnte er erkennen, wie wichtig es ist, dass wir uns entgegenkommen, statt dass immer nur einer von uns Entscheidungen trifft und der andere einfach mitzieht. Das aufeinander zugehen sollte Stück für Stück zum Selbstverständnis werden.

Der Caminito del Rey

Zurück im aktuellen Hier und Jetzt, nämlich in den Juni und nach Spanien! Nachdem wir gestern durch eine kurvenreiche Fahrt in Ardales direkt am Wanderweg und damit auch unmittelbar an einem wunderschönen Stausee angekommen sind, bin ich heute um 7 Uhr (für mich Nachteule keine leichte Aufgabe) hoch, um spätestens um 8 Uhr am Eingang des Caminito del Rey zu sein. Ich war tatsächlich die erste Person vor Ort. Allerdings hatte ich zu diesem Zeitpunkt schon die größte Herausforderung des Tages gemeistert: zu meinem Weg dorthin gehörte nämlich auch ein Tunnel, der einzig für die Besucher vor Ort eingerichtet wurde, um schneller beim Eingang sein zu können. Dieser Tunnel ist etwa 300 Meter lang, wurde kerzengerade durch das Gestein geschürft und hat sogar Beleuchtung im Boden integriert.

Diese war heute leider leider nicht an ...

Ich habe zum Glück keine Höhenangst und auch sonst kaum Ängste in diese Richtung. Allerdings bemerke ich immer wieder, dass ich anscheinend eine winzige Klaustrophobie haben könnte? Wenn wir beispielsweise mit dem Auto durch dichten Nebel fahren müssen, bekomme ich kaum noch Luft und panische Zustände. In solchen Situationen musste Joss schon oft auf mich einreden und dafür sorgen, dass ich mich auf meine Atmung konzentriere. Bisher dachte ich immer, dass ich den Nebel einfach nur beängstigend finden würde, denn ich konnte das Gefühl in mir nie richtig beschreiben, welches sich in so einem Fall in mir ausbreitete. Außerdem fühle ich mich in Menschenmassen ebenfalls immer total unwohl und muss spätestens dann, wenn man die Menschen links und rechts von sich beinahe umarmt, das Weite suchen. Ich glaube, dass viele das nachvollziehen können.

Als ich dann aber heute vor diesem super engen Tunnel stand, ganz allein. Da klopfte plötzlich die Panik an. Ich wollte sofort umdrehen und damit einen großen Umweg in Kauf nehmen. Doch ich wollte diese Angst irgendwie nicht siegen lassen - schließlich konnte ich das Ende des Tunnels bereits von meinem Standort aus sehen. Ich packte mein Handy aus, schaltete die Taschenlampe ein und holte tief Luft, bevor ich meinen Weg durch diesen engen Gang in Angriff nahm.

Meine Brust schnürte sich zu und ich hatte aus irgendeinem Grund solche Angst, meinen Blick nach oben, zur Seite oder nach vorn zu richten, dass ich - auf den Boden starrend - im Stechschritt ziemlich schnell vorankam. Trotzdem kam es mir in diesem Moment vor, als würde der Tunnel überhaupt kein Ende mehr nehmen. Kannst du dir mich gerade ein wenig vorstellen? Die kleine Nana in kurzer Hose, T-Shirt mit grünem Rucksack auf dem Rücken versucht sich darin, einen extra für Menschen geschaffenen, zugegeben wirklich sehr dunklen, Tunnel zu durchqueren - das kann doch nicht so schwer sein. Für mich schon. Du darfst dir also nun ebenso bildhaft vorstellen, wie ich mit dem Handy in meiner Hand auf den Boden starrend anfing lautstark mit mir selbst zu reden. Ich kam mir ziemlich blöd vor und doch war es für mich in diesem Augenblick die einzige Idee, die mir kam, um meine Atmung zu regulieren und mir nicht den Kopf darüber zu zerbrechen, dass die Wände immer näher zu kommen schienen. "Alles ist gut", "du kannst stolz darauf sein, diese Herausforderung angenommen zu haben", "du kannst das Ende bereits sehen", "dir passiert nichts" - nur eine kleine Auswahl der Sätze, die ich laut vor mich hin brabbelte, während ich die paar hundert Meter, die sich für mich wie mindestens ein Kilometer hinzogen, Schritt für Schritt hinter mich brachte.

Und plötzlich stand ich wieder im Freien! Und zwar unversehrt! Ich musste erst einmal tief durchatmen und verspürte definitiv etwas Stolz, eben nicht den Umweg genommen zu haben.

Dimensionen, die sprachlos machen

Falls du einmal in Andalusien unterwegs sein solltest, empfehle ich dir unbedingt diese Wanderung durch diese atemberaubende Schlucht mit einzuplanen! Und, zumindest aus meiner Erfahrung heraus, kann ich dir sagen, dass du auch ohne vorab ein Ticket gekauft zu haben, reinkommen wirst, wenn du direkt in der Früh am Eingang des Caminito del Rey parat stehst.

Ich muss zugeben, dass ich inzwischen nicht mehr so leicht zu begeistern bin, wenn es um schöne Aussichten während einer Wanderung geht. Das ist schade, denn ich möchte jede Kleinigkeit als etwas Besonderes anerkennen - meiner Meinung nach ist die Natur in all ihrer Vielfältigkeit immer einen Besuch wert. Es muss also nicht immer ein atemberaubender Ausblick sein, damit ein Weg es wert ist, gegangen zu werden. Manchmal spielen sich die sehenswerten Dinge vor allem im Verborgenen, auf Bäumen zum Beispiel zwischen Ästen oder auf einer Ameisenstraße zu unseren Füßen ab - wir müssen nur aufmerksam genug sein! Also übe auch ich mich weiterhin darin.

Wenn ich allerdings Geld dafür bezahle, einen Wanderweg zu gehen, möchte ich natürlich auch eine besondere Erfahrung machen können. Und das ist bei diesem absolut der Fall!

Er umfasst insgesamt etwa acht Kilometer, wenn man den Weg zum offiziellen "North Access" mit einberechnet. Von dort aus habe ich für den Weg ca. anderthalb Stunden benötigt. Es hängt natürlich davon ab, in welchem Tempo du unterwegs bist und ob du auch eine längere Pause mit einplanst, um diese einzigartige Natur in dich aufzusaugen. Ich habe für mich besonders genossen, dass der Weg am Morgen noch nicht überfüllt war und ich daher zum Teil allein unterwegs war.

Die Ruhe und der Klang des Windes sowie das Gezwitscher der Vögel neben dem Rauschen des Flusses Rio Guadalhorce bleiben für mich ganz besonders in Erinnerung. Natürlich habe ich mir auch Zeit für das eine oder andere Bild genommen. Leider kann man die atemberaubenden Dimensionen der über 300 Meter hohen Felswände, an denen man entlangläuft, kaum mit der Kamera festhalten. Das Wasser des Flusses unten im Tal verzaubert den Ort zusätzlich durch die türkise Farbe und wer sich nicht scheut, über eine wackelige Brücke zu gehen, wird diesen kleinen Nervenkitzel inklusive des Ausblicks zum Ende des Weges wohl besonders feiern. Auch Vögel sowie wilde Ziegen soll man beobachten können - immerhin durfte ich ein paar Tauben, Adler in sehr weiter Ferne und zumindest eine Ziege samt ihres Kitzes erhaschen! Doch mir wurde berichtet, dass man mit etwas Glück eine Fülle von verschiedenen Vogelarten beobachten könne - ein Fernglas solltest du bei dieser Wanderung also definitiv dabei haben.

Ich sitze in einem kleinen Café in der Sierra Nevada, Spanien, nicht weit von Granada. Heute hatte ich vor, eine Wanderung mit Azura zu machen - der Los Cahorros soll beeindruckende Aussichten bieten. Teil dieses Weges ist eine nicht gerade kurze Hängebrücke durch eine enge Schlucht an einem Wasserfall. Diese hatte ich unterschätzt. Als ich mich mit Azura auf diese begab, merkte ich schnell, dass die Höhe und insbesondere das Gewackel so gar nichts für sie waren. Ich hatte sie mit der Leine doppelt gesichert - zum einen am Halsband und zum anderen, indem ich die Leine auch um ihre Hüfte band, um sie mehr unterstützen zu können. Das war auch die richtige Entscheidung gewesen, wie sich schnell herausstellte, denn meine Hündin klebte nahezu an meinem Bein, während wir unseren Weg über die Brücke machten. Als dann, etwa 30 Meter hinter uns, zwei weitere Wanderer diese betraten, gerieten wir ordentlich ins Wanken. Nicht nur, dass ich selbst die Kontrolle verlieren könnte, trieb mir den Schweiß auf die Stirn. Da man auf Brettern lief und diese zum Teil einen besorgniserregend großen Abstand zueinander aufwiesen, hatte ich vor allem die Sorge, dass Azura mit den Pfoten dazwischen geraten würde. Tatsächlich passierte dies auch wenige Momente später und ich musste ihr Gewicht auffangen, damit sie selbst wieder Halt auf den Brettern finden konnte. Ein richtiges Abenteuer sage ich dir!

Als wir endlich drüben angekommen waren und ich die Kleine erst einmal mit einem Leckerli belohnt hatte, war ich in der Hoffnung, dass wir von jetzt an ohne weitere große Hindernisse vorankommen würden. Weit gefehlt: Vor uns baute sich eine beeindruckende Schlucht auf, durch die ein Bach floss. Ohne Azura wäre ich begeistert gewesen, sie auf einem winzigen Weg direkt an der Wand entlang zu durchqueren. Allerdings verlangte direkt der erste Abschnitt, dass ich mich mit beiden Händen an einem Felsvorsprung festhalten muss, um dem Weg zu folgen. Auf diese Weise hätte ich Azura definitiv nicht im Auge behalten und diesen tollpatschigen Hund (wie die Halterin so auch das Tier) davon abhalten können, womöglich in den Bach herunterzufallen - was definitiv nicht ohne Verletzung vonstattengegangen wäre. Nun ja. Da stand ich nun und dachte mir "safety first" und trat den Rückweg an. Somit mussten wir erneut Schritt für Schritt über die Brücke eiern. Schade! Aber ich überlegte, der Wanderung am Nachmittag doch noch einmal alleine eine Chance zu geben, da ich mir sicher war, dass diese wunderschöne Aussichten bieten würde.

Wenn sich Tage wie Kaugummi ziehen

Ich bin verliebt darin, dank unserer Auszeit einfach in den Tag hinein leben zu dürfen. Das Thema Langeweile ist für mich schon vorher ein wichtiger Teil dieser Reise gewesen. Denn ich finde, dass wir bedingt durch den Alltag selten im Stande sind, diese überhaupt noch zuzulassen. Vor allem nicht ohne ein schlechtes Gewissen, weil wir gerade nicht produktiv genug sind. Dabei ist Langeweile so wichtig! Denn nicht nur bei Kindern fördert sie zum Beispiel die Kreativität - auch bei uns Erwachsenen kann das Zulassen dieser dafür sorgen, mehr im Moment zu leben und in unseren Köpfen Raum für Inspiration zu schaffen. Wenn ich mich daheim hinsetze, im Versuch, bewusst nichts zu tun, endet das oftmals damit, dass ich mein Handy zur Hand nehme, um "irgendetwas" zu tun oder mich stumpf beschallen zu lassen. Was für ein Quatsch, oder? Und ich vermute, dass vielleicht auch du diesen Zustand oder das Gefühl des "nichts tun" auch nur schlecht aushalten kannst?

Täglich laufen viele in ihrem Hamsterrad brav vor sich hin, ohne mal einen Blick nach links oder rechts zu wagen. Und genau deshalb habe ich mir für meine Reise vorgenommen, Langeweile wieder zuzulassen und sogar zu genießen! Denn ich möchte mehr Inspiration verspüren und sie nicht nur von außen, sondern vor allem aus mir heraus erleben und wachsen lassen. Das hat zum Teil auch schon sehr viel besser als zuhause funktioniert. Zum Beispiel saß ich zeitweise einfach da und habe wirklich mal nichts getan. Ich habe die Erfahrung gemacht, dass ich dann viel genauer auf meine Umgebung schaue, Details mehr wahrnehme und gerade in Bezug auf die Natur plötzlich eine ganz eigene Welt vor meinen Füßen entdecke. Ob es die sanfte Brise des Windes ist, die man auf der Haut spürt oder ein weit entferntes Geräusch - plötzlich fällt es wesentlich leichter aufmerksam zu sein.

Allerdings finde ich es sehr schwierig, Langeweile zuzulassen, wenn man etwas Besonderes herbei ersehnt. Momentan ziehen sich manche Tage wie Kaugummi dahin und es fällt mir schwer, im Augenblick zu verweilen. Ich sehne nämlich den Tag herbei, an dem ich meinen Freund nach beinahe drei Monaten wiedersehen werde. Es sind nun noch zehn Tage, bis es soweit ist. Ich fühle mich wie ein verliebtes Mädchen, das nervös auf den Tag des ersten Treffens wartet (irgendwie richtig kitschig, nicht wahr?). Dabei freue ich mich vor allem auf die Vertrautheit, die Nähe und das harmonische Gefühl, das jedes Mal dann entsteht, wenn ich Marc in meiner Nähe habe. Wir werden einen ganzen Monat nur für uns haben. Dabei haben wir noch überhaupt keine Pläne, was wir unternehmen werden und genau das fühlt sich gerade so richtig an. Wir wollen uns gar nicht den Druck machen, irgendetwas Bestimmtes zu erleben während dieser Zeit, sondern viel mehr eben auch in den Tag hinein leben, sich also in Langeweile zu üben quasi.

Aus dieser ungeduldigen Lage meinerseits hoffe ich also darauf, dass die kommenden Tage schnell verfliegen und ich keine Langweile hinnehmen muss, die sich gerade nämlich überhaupt nicht inspirierend, sondern eher quälend anfühlt. Es wird Zeit, dass ich endlich den Menschen wieder bei mir habe, in den ich so verliebt bin!

Es sind ein paar Stunden seit meinen letzten Zeilen vergangen. Du darfst dir also vorstellen, dass ich inzwischen nicht mehr in dem Café, sondern im Bulli im Schein von Lichterketten mit dem Tablet auf meinem Schoß und "Wise Woman" von Jason Mraz im Hintergrund laufend sitze. Ich habe einen wirklich aufregenden Nachmittag hinter mir!

Niemals absoluter Berg-Fan

Ich bin um 16:30 Uhr erneut aufgebrochen, um eine Wanderung zu machen. Dieses Mal startete ich von einem anderen Punkt aus und wollte den Weg "Sendero Circular de los Cahorros" in Angriff nehmen. Dieser sollte mich bei einer Länge von zehn Kilometern circa drei Stunden und zwanzig Minuten auf Trab halten. Ich wanderte also mit der Sonne im Rücken fröhlich den Berg hoch. Joss hatte mich bereits gewarnt, aber spätestens zu diesem Zeitpunkt wusste ich, dass er Recht hatte: Die Sonne hat auch um diese Uhrzeit noch enorm viel Kraft! Heißt im Umkehrschluss, dass ich wenig später nicht mehr ganz so leichtfüßig unterwegs war, sondern mich Schritt für Schritt - schweißgebadet - den Berg hoch schleppte. Trotz der Anstrengung entlockte mir jede weitere Erhöhung, mit einem noch schöneren Ausblick, ein Lächeln. Als ich mich plötzlich inmitten einer Herde Ziegen wiederfand, grinste ich über beide Ohren und hielt den Moment mit dem Handy fest. Doch wenig später kam ich an eine Stelle, an der die Wegmarkierungen nicht mehr ganz so eindeutig waren wie zuvor... und so nahm das Abenteuer seinen Lauf.

Ich schlug einen Weg ein, der wesentlich "offizieller" aussah, obwohl die Markierung in die andere Richtung wies. Jetzt magst du denken: Verständlich, dass daraus ein Abenteuer entstehen wird. Weit gefehlt! Ich drehte nämlich, als sich auch nach ein paar hundert Metern kein neues, wegweisendes Schild blicken ließ wieder um und ging direkt zurück zu der Kreuzung. Dieses Mal wählte ich den Weg, den die Wegmarkierung mir vorgab. Auch, wenn dieser eher nach Schotterpiste aussah, ging ich weiter. Natürlich in der Hoffnung, dass bald wieder ein breiterer Weg auf mich warten würde.

Nun ja - du wirst es dir denken können - es kam kein für mich offiziell aussehender Weg in Sicht. Stattdessen näherte ich mich immer mehr dem Abhang des Berges, was mich zunehmend nervöser machte. An einem Punkt, an dem ich wirklich langsam zweifelte, nur ansatzweise richtig zu sein, teilte ich meinen Standort mit Joss und rief ihn an. Er versuchte mir weiterzuhelfen, aber seine Anweisungen auf den richtigen Weg zu gelangen, ergaben mit dem Blick auf das, was vor mir lag, absolut keinen Sinn. Ich teilte rein aus Sicherheit weiter meinen Standort und versuchte, selbst zurückzufinden. Umdrehen war allerdings keine Option, denn inzwischen hatte ich einige heikle und bedingt durch den Schotter rutschige Stellen nach unten hinter mich gebracht - die wollte ich auf keinen Fall wieder auf allen Vieren hoch krabbeln! Dabei war der Ausblick atemberaubend. Die weite Sicht hinweg über endlos erscheinende Gebirgsketten der Sierra Nevada, um mich herum wuselten geschäftige Schmetterlinge und das Zirpen der Zikaden erfüllte die durch die Hitze bebende Atmosphäre mit einem Gefühl in unberührter Wildnis gelandet zu sein.

Und schließlich kam der Moment, in dem ich verzweifelte. Ich hatte wirklich Angst, mich bei dem Blick nach unten in ernsthafte Gefahr zu bringen. So sehr ich das Wandern liebe und demnach natürlich einige Erfahrungen gesammelt habe, so unwohl fühle ich mich trotzdem, wenn ein Weg nicht gut befestigt ist und ich eher umherirre, als überhaupt eine Route vor mir ausmachen zu können. Mittlerweile hatte ich weder Internet noch Telefonempfang, daher konnte ich auch Joss nicht mehr um Hilfe bitten. Aber ich atmete tief durch und sagte mir, dass dies ein Moment war, in dem ich mir ganz einfach selbst vertrauen und Schritt für Schritt weitergehen sollte, bis sich mir eben wieder ein Weg zeigen wird.

Nachdem ich bereits einen einsamen Ziegenbock hoch oben auf einem Felsen unweit von mir grüßen durfte, sah ich wenige Meter unterhalb von meinem Standort so etwas wie einen kleinen Weg und atmete auf. Endlich. Auch dieser war zum Teil nicht ohne Nervenkitzel zu begehen, da er wirklich nicht breiter als 40 Zentimeter war und mich direkt durch die Felsspalte führte, aber es war ein Weg! Und als ich dann in der Ferne wieder andere Wanderer ausmachen konnte, fiel mir ein Stein vom Herzen. Ich wusste nun, dass ich die Angst, irgendwo hinabzustürzen und dann auf Hilfe hoffen zu müssen, endlich loslassen konnte!

Diese Situation hat mir einmal mehr gezeigt, dass ich nie zu einem Menschen werde, der die Berge mehr liebt als das Meer! Auch wenn die Aussicht immer wieder atemberaubend schön ist und ich Joss´ Vorliebe daher durchaus nachvollziehen kann, bleibe ich sehr gerne bei meiner stürmischen See, der salzigen Luft im Gesicht und dem Sand unter meinen Füßen. Selbstverständlich ändert das nichts daran, dass ich auch gerne Wanderungen in den Bergen unternehme. Denn auch diese sind ein schöner Teil der Natur.

Nachdem ich wenig später auf andere Wanderer traf, die ebenfalls auf der Suche nach einer Wegmarkierung waren (ha! Ich konnte mich also nicht so doof angestellt haben!), gaben wir uns gegenseitig Tipps, wie der jeweils andere seinen Weg fortsetzen sollte. Für mich ging es daraufhin durch eine beeindruckende und sehr enge Schlucht entlang des Flusses Monachil. Die Felswände ragten steil nach oben und das wilde Wasser gab der Szenerie das i-Tüpfelchen. Wenn man diese Wanderung macht, die übrigens nichts mehr mit der Strecke zu tun hat, die ich mir vorgenommen hatte, da ich inzwischen verschiedene Wege miteinander kombinierte, muss man sich sogar an den Wänden festhalten, da der Weg teilweise zu eng wird, um ihn normal zu gehen. An manchen Stellen wird es einem durch Steigbügel etwas erleichtert, an anderen gab es sie allerdings nicht. Daher war ich sehr dankbar, als mir sechs sehr freundliche Spanier halfen, ins zwei Meter tiefer liegende Flussbett zu springen, da an der Felswand kein Weiterkommen war und ich den Abschnitt nur so überwinden konnte. Zum Glück gab es dort Steine und man musste nicht durchs hüfttiefe Wasser waten - ich holte mir dank meines Sprunges in die Arme der Spanier nicht mehr als ein paar kleinere Schürfwunden als Erinnerung an diesen Abschnitt.

Als ich den schönen Wasserfall mit der Hängebrücke, welche ich bereits am Morgen mit Azura überquert hatte, aus der anderen Richtung kommend, erreichte, gab es für mich erst einmal ein erfrischendes Fußbad und ich genoss eine Weile den schönen Ausblick auf das Naturspiel, welches sich durch das herabfallende Wasser vom Berg in die Tiefe unterhalb der Brücke ergab. Im so entstandenen "Pool" badete ein Mann gemeinsam mit seinem Hund im eiskalten Wasser, einige Schulklassen drängten sich von Zeit zu Zeit über die Hängebrücke, welche dadurch ordentlich ins Schwanken geriet. Aber keine Sorge, sie wirkte sehr stabil auf mich und alle Wanderer schafften es sicher auf die andere Seite.

Im Anschluss machte ich mich auf den Weg zurück zum Bulli. Ich ließ mir die Gelegenheit nicht entgehen, mich im Fluss abzukühlen und sogar meine Haare zu waschen - herrlich! Und als ich dann die letzten anderthalb Kilometer direkt am Ufer barfuß richtig genoss, konnte ich abschließend über diese Wanderung und das durchaus erinnerungswürdige Abenteuer sagen, dass ich die dreieinhalb Stunden mit mir allein in der Natur voll ausgekostet habe!

Mir klebt der Schweiß und die Sonnencreme auf der Stirn und überhaupt überall auf meinem Körper, während ich diese Zeilen schreibe. Es ist Mitte Juni und ich bin endlich im vollen Bewusstsein, was für ein riesiges Privileg es ist, diese Reise zu erleben. Allerdings wird mir langsam ebenso bewusst, wem ich das vor allem zu verdanken habe: mir selbst. Das mit Überzeugung niederzuschreiben, bedeutet für mich einen großen Schritt in Richtung mehr Selbstwertgefühl. Hätte ich nicht den Arsch in der Hose gehabt, wirklich zu meinem Chef zu gehen und ihn um diese Auszeit zu bitten, würde ich heute nicht in Las Negras auf einem Campingplatz sitzen und noch drei Monate Freizeit vor mir haben.

Selbstverständlich habe ich sehr vielen Menschen zu danken, die mir den Mut für das alles hier überhaupt erst zugesprochen haben. Aber ich bin froh, dass ich endlich imstande bin, meinen "Eigenanteil" an diesem Projekt zu sehen, welches innerhalb von nur einem Jahr in die Tat umgesetzt wurde. Klar, ich habe schon Jahre davon geträumt, aber so richtig ernst gemeint habe ich es erst im Januar 2023 und dafür ging dann doch alles ziemlich fix!

Ich habe es satt, mich selbst immer klein zu reden und nicht wert zu schätzen, was ich imstande bin zu leisten und in meinem Leben bereits geleistet habe. Habe ich doch Jahre damit verbracht, jeden meiner Fortschritte eher klein zu reden, möchte ich jeden weiteren in Zukunft feiern und ich lade dich hiermit ein, das auch zu tun! Meiner Meinung nach ist es in unserer Gesellschaft oft "angesehener", sich zu verstecken und die eigenen Erfolge nicht an die große Glocke zu hängen, statt sie voller Stolz zu zelebrieren. Denn in Deutschland gibt es viele Menschen, die einem nicht einmal die Butter auf dem Brot gönnen - eine typische Ellenbogengesellschaft. Wenn also jemand stolz ist, etwas geschafft zu haben, wird dieser Mensch oftmals eher als arrogant angesehen. Viel lieber soll man bescheiden durchs Leben laufen, bloß nicht auffallen!

Ich bin mir nicht sicher, ob das nur in meiner kleinen Welt der Fall ist, aber ich habe solche Situationen besonders im Arbeitsleben sehr häufig erlebt. Hat jemand eine Gehaltserhöhung bekommen oder wurde befördert, wurde direkt schlecht über sie/ihn gesprochen. Oftmals stand ich dann daneben und konnte meinen Ohren nicht glauben. Natürlich gab es auch Situationen, in denen ich dachte: "Hat nicht die andere Kollegin/Kollege sich besonders in letzter Zeit viel mehr eingesetzt und hätte demnach z. B. die Gehaltserhöhung viel mehr verdient?". Kaum jemand kann sich von solchen Gedanken freisprechen. Aber dann versuche ich genau in dieser Situation noch einmal zu überdenken, was gerade in mir vorging und schon wird mir klar, dass ich gar nicht genug Einblick in die Situation und auf das Team habe, um die Entscheidung der Geschäftsführung wirklich in Frage stellen zu dürfen. Für mich bleibt dann nur eines zu tun: Ich freue mich für den/die Kollegen/Kollegin. Ich bin bereits vor einigen Jahren dazu übergegangen, das nicht nur in meinen

Gedanken zu tun, sondern ganz offensiv in dem Moment. Ich habe dann gerne die Gelegenheit genutzt, ein gutes Vorbild zu sein (insbesondere für meine Auszubildenden, da ich in ihnen das größte Potenzial für ein Umdenken sehe) und habe meine Glückwünsche laut vor den Kollegen ausgesprochen. Ich habe da manchmal komische Blicke für geerntet, aber ich meine, und natürlich kann ich mich in diesem Punkt täuschen, dass es bei einigen meiner Kollegen ein Umdenken in Gang gesetzt hat. Dass sich Menschen "einfach nur" für andere freuen, scheint heute out zu sein. Dabei ist es doch so etwas Schönes! Ich bin schon immer dankbar dafür gewesen, dass ich mich mit anderen habe freuen können, statt Neid zu empfinden. Aber ich glaube, dass das eine Frage der Erziehung oder der Übung ist, ob man überhaupt auf die Idee kommt, so zu empfinden. Ich bin meinen Eltern sehr dankbar, dass sie mich zu einem Menschen erzogen haben, der anderen ihren Erfolg nicht nur gönnt, sondern sich auch ehrlich mitfreuen kann. Jetzt muss ich nur noch die Fähigkeit ausbauen, mich ebenso über meine eigenen Fortschritte freuen zu können.

Um wieder zum Beginn des Kapitels zurückzukehren: es sind die kleinen Schritte, die ich in den letzten zwei Jahren gemacht habe, die mich selbst haben wirklich wachsen lassen. Und das bemerke ich jetzt, weil ich zur Ruhe komme und Zeit zum Reflektieren habe. Wir nehmen uns nicht genügend Zeit, um Erlebtes zu verarbeiten und vor allem auch **aufzuarbeiten**. Erst durch meine Therapie konnte ich wirklich zulassen, Situationen abzuschließen, die mir seit Jahren durch den Kopf gespukt sind und mir Magenschmerzen bereitet haben. Genauso schaffe ich es jetzt endlich auch meine Erfolge anzuerkennen. All das benötigt Zeit, die wir uns im Alltag viel zu selten nehmen (können), weil wir nicht selten wie Maschinen unsere Aufgaben erledigen, um das Geld zu verdienen, mit dem wir unser Leben finanzieren (müssen). Mir nimmt der zeitliche Umfang des Geldverdienens zu viel Raum ein.

Jetzt wird es viele geben, die sagen, dass unsere Generation zu faul zum Arbeiten geworden ist und wir die Wirtschaft nicht genügend "ankurbeln" würden. Diese Meinung vertrete ich nicht. Ich finde es wichtig, dass man Spaß an seiner Arbeit hat und diese gerne verrichtet. Dafür muss es nicht immer die vollumfängliche "Erfüllung" sein, denn diese kann man auch in seinem Privatleben finden - allerdings muss dafür eben noch genügend Zeit sowie Energie vorhanden sein und das ist heute eben oftmals nicht mehr der Fall.

Manchmal kommt es mir so vor, als sei die Generation meiner Eltern "hobbylos". Oberste Priorität schien immer die Arbeit zu sein. Und ich bin mir sicher, dass es dafür viele gute Gründe gab, nichtsdestotrotz stelle ich infrage, ob wir diese nicht neu überdenken sollten. Meine Generation sehnt sich nach mehr Freizeit, weil wir vielleicht die Generation sind, die erkannt hat, wie kurz das Leben ist? Ist das eventuell etwas hoch gegriffen? Vielleicht. Aus meinem Blickwinkel heraus ist es aber genau das, was gerade stattfindet: ein Umdenken. Meine Freunde versuchen alle, einen Beruf zu verrichten, der ihnen möglichst viel Freude bereitet und gleichzeitig so viele Freiräume wie nur umsetzbar einräumt. Und ich bin stolz darauf, dass wir es sind, die erkannt haben, was das Leben so wertvoll macht. Und dass es für die meisten von uns eben nicht die Erfüllung ist, möglichst viel Lebenszeit auf der Arbeit zu verbringen.

Natürlich sollte man nicht aus den Augen verlieren, dass der eigene Lebensstandard auch finanziert werden muss und dass das eben nicht nur durch Luft und Liebe möglich ist. Und wer so richtig Bock auf Karriere hat - go for it! Das ist doch ein wundervolles Vorhaben, wenn es einen wirklich erfüllt und glücklich macht. Ich möchte alle, die das hier lesen, lediglich ermutigen, sich aus ihrer vermeintlich sicheren Situation heraus zu begeben, um mehr vom Leben zu haben (wenn du denn den Wunsch danach verspürst). Geld verdienen kannst du dein Leben lang, aber zum einen weißt du nicht, wie viel Zeit dir bleibt und zum anderen kann keiner von uns vorher sagen, wie lange wir gesund und fit sein werden. Also wage den Schritt und setze deine Träume in die Wirklichkeit um, bevor es zu spät ist! Mach dein Hobby zum Beruf, geh auf Weltreise, beginne mit einem Studium oder versuche auf Teilzeit zu arbeiten, um mehr vom Tag zu haben. Es gibt immer einen Weg. Klar kann es schief gehen, aber was ist, wenn es so kommt, wie du es dir erhoffst?

Die Tiefen des Ozeans

Ich möchte dich heute, am 16. Juni, wieder an meinen aktuellen Abenteuern teilhaben lassen. Wie du bereits weißt, ist seit einiger Zeit mein neues Lebensmotto "offen für Neues" zu sein.

Ich war noch nie auf dem offenen Meer Kajak fahren, auch habe ich noch niemals geschnorchelt! Nahe des Campingplatzes von Las Negras, auf dem wir derzeit stehen, wird beides in einer Tour angeboten. Als ich das gesehen hatte, habe ich direkt gebucht. Mich hat dieser Schritt etwas Überwindung gekostet, da ich zum einen Angst vor der Tiefe des Ozeans habe und zum anderen allein an der Tour teilnehmen musste. Aber ich tat es trotzdem, denn eine neue Erfahrung bringt immer auch etwas Positives mit sich!

Copyright: CABODEGATAACTIVO

Um 10 Uhr heute Morgen war das Treffen mit den Guides am Strand und ich freute mich wirklich auf das Erlebnis - natürlich war auch etwas Aufregung mit von der Partie. Unsere Gruppe von etwa 15-20 Teilnehmern wurde zunächst in Bezug auf die Schwimmwesten und den Umgang mit den Kajaks eingewiesen. Im Anschluss ging es dann auch schon los aufs offene Meer. Womit ich zuvor nicht unbedingt gerechnet hatte:

Ich bekam als einzige ein Ein-Personen-Kajak. Bedeutet, dass die komplette Verantwortung nur bei mir lag und das war für mich keine leichte Aufgabe, da ich bisher noch nie auf dem offenen Meer mit so einem Gefährt unterwegs gewesen war. Aber ich schmiss mich auf mein kleines Boot und fing an zu paddeln. Alles lief soweit super und dank der Schwimmweste schien ich die Angst vor der Tiefe des Ozeans besser im Griff zu haben. In der ersten Höhle angekommen, erklärte der Guide Wissenswertes über diese und wir Teilnehmer eierten während dessen fröhlich mit unseren Kajaks auf dem Wasser umher. Das war auch der Moment, in dem ich plötzlich merkte: Mein Magen dreht sich um ...

Zunächst machte ich mir keine Sorgen. Schließlich war ich schon oft auf Booten gewesen und hatte bisher nie Probleme damit gehabt. Doch je weiter ich mit meinem Kajak von Bucht zu Bucht paddelte, desto mehr bekam ich das Gefühl, dass mein Magen ganz dringend etwas loswerden wollte. Als der Guide schließlich die letzte Bucht ansteuern wollte, bevor wir an einem Strand schnorcheln und Pause machen würden, bat ich darum, schon vorfahren und auf die Gruppe warten zu können. Alle waren so herzlich und einer der Guides begleitete mich an Land. Erst einmal dachte ich positiv und war mir sicher, dass es mir nach einer Pause schon wieder gut gehen würde.

Als ich aber an Land hinter einem Hügel mit meinem Magen eine angeregte Diskussion führte, um mich nicht übergeben zu müssen, war ich mir plötzlich nicht mehr ganz so sicher. Doch meine erfahrene Begleitung riet mir, mich mit dem Schnorcheln zu versuchen und dank der Ablenkung auch meinen Magen wieder beruhigen zu können. Also griff ich zu Taucherbrille und Schnorchel und begab mich das erste Mal in meinem Leben auf Entdeckungstour unter Wasser. Ich hätte mir nie träumen lassen, welche farbenfrohe Unterwasserwelt sich selbst ganz nah am Strand entdecken lässt. Und tatsächlich ging der Plan mit der Ablenkung auf: Meine Seekrankheit ließ nach und ich konnte die neue Erfahrung wirklich in all ihren atemberaubenden Facetten wahrnehmen!

Nach einiger Zeit gaben uns die Guides ein Zeichen, dass es an der Zeit wäre, die Rückfahrt anzutreten. Und da mein Magen sich beruhigt hatte, war ich zuversichtlich, mit etwas weniger Übelkeit und mehr

Freude teilnehmen zu können. Aber wie du vielleicht bereits ahnst: Mit Genuss war es für den Rest der Tour vorbei.

Die Wellen hatten zugenommen und ich schipperte in meinem Ein-Mann-Kayak wie eine Boje jede einzelne Welle hinauf und wieder hinab. Es dauerte nur wenige Minuten und meine Übelkeit war doppelt so stark wie auf dem Hinweg zurück. Zwar lag jetzt "nur" noch der Rückweg ohne Stopps vor mir, aber dieser erschien mir dank meiner Verfassung ewig zu dauern. Ich kämpfte nicht nur gegen meine Übelkeit, sondern auch gegen jede Welle an, um schneller voranzukommen.

Als ich endlich die letzte Bucht ausmachen konnte, sagte ich mir: "Komm, den letzten Rest schaffst du nun auch noch". Als ich die Einmündung erreicht hatte und mit dem Meer sowie den Wellen im Rücken auf den Strand zu paddelte, wusste ich: "Kannste' knicken!"

Die Übelkeit kam mit so eine Wucht über mich, dass ich froh war, den ersten Teil der Gruppe schon am Strand und die Nachzügler weit hinter mir zu wissen. Vielleicht wird dich die Vorstellung zum Schmunzeln bringen, wie ich nun einen Paddelzug nach dem nächsten machte und mich bei jedem zweiten zu meiner linken Seite beugte, um meinen Magen in vier bis fünf Zügen vollends zu entleeren. Jeder weiß, wie anstrengend es sein kann, sich zu übergeben, oder? Und ich hatte die große Freude gleichzeitig auch noch mit den Wellen zu kämpfen. Meine Arme machten schlapp, ich machte schlapp. Fünf Meter vor dem Strand ließ ich mich nur noch mit meinem Kajak an den Strand spülen. Und dann endlich: Ich hatte endlich wieder festen Boden unter den Füßen.

Witzigerweise musste ich in diesem Zuge auch an Marc denken, der mir erst vor kurzem davon erzählt hatte, wie schnell er seekrank wird. Und natürlich wusste ich, dass das kein Spaß ist, trotzdem musste ich bei seinen Erfahrungsberichten schon das eine oder andere Mal vor mich hin grinsen. Jetzt allerdings, wo ich selbst in den Genuss der Seekrankheit gekommen bin, war mir das Grinsen mehr als vergangen. Und trotzdem bin ich froh, diese Erfahrung gemacht zu haben! Inzwischen sind fünf Stunden vergangen und ich kämpfe noch immer mit den Nachwirkungen. Ich zittere weiterhin am ganzen Leib und mir ist so übel! Ich drücke mir nun selbst die Daumen, dass sich dieser Zustand bald in Luft auflöst, denn ich finde das wirklich anstrengend. Als würde man ununterbrochen gegen den eigenen Körper kämpfen, um ihm zu vermitteln: Wir sind nicht mehr auf dem Wasser, du darfst dich jetzt entspannen!

Inzwischen reise ich seit zwei Tagen gemeinsam mit Marc im Bulli – es ist Ende Juni. Ich habe ihn in Barcelona am Flughafen abgeholt. Kurz bevor ich ihn wieder in die Arme schließen durfte, durchzog mich ein Gefühl der puren Nervosität und Vorfreude. Wie würde sich das Wiedersehen wohl anfühlen? Eventuell wären wir uns erst einmal etwas fremd? Wird er sich im Bulli und bei mir wohlfühlen? Beinahe drei Monate hatten wir uns nun nicht mehr gesehen und diese kamen uns vor wie eine Ewigkeit! Als es dann endlich soweit war, stellte sich bei mir von Minute zu Minute ein Gefühl der Ruhe ein. Wenn Marc bei mir ist, scheine ich immer mehr im Moment zu sein. Mir fehlt es dann einfach an nichts und ich kann den Augenblick noch mehr ausschöpfen. Für mich ist das etwas ganz Besonderes, da ich sonst so sehr dazu tendiere, immer in der Zukunft oder Vergangenheit herum zu wuseln. Ich laufe dann mehr auf "standby" statt wirklich am Jetzt teilzunehmen. Mit Marc gelingt mir das meistens, ohne dass ich überhaupt darüber nachdenken muss.

Es war nicht das erste Mal, dass ich in Barcelona war. Bereits vor ein paar Jahren habe ich einen Wochenendtrip mit meiner Freundin Nicole hierher unternommen. Ich entsinne mich noch sehr gut daran, wie mir besonders zusagte, dass die Stadt in vielen Teilen sehr schön gestaltet ist und sich daher immer wieder etwas Neues entdecken lässt - selbst wenn man einfach nur umher spaziert. Beispielsweise findet man in der Innenstadt von Antoni Gaudí geprägte, besonders bunt gestaltete Architektur - ein Besuch der breiten Einkaufsstraße "La Rambla" lädt also nicht nur zum Shoppen, sondern auch zum Staunen ein.

Allerdings hatte ich keine Erinnerung daran, dass Barcelona nicht zu den sichersten Städten gehört. Diese Tatsache sorgte bei diesem zweiten Besuch für ein ungutes Bauchgefühl. Bereits als ich mich mit dem Bulli auf der Autobahn in Richtung Stadt befand, wiesen Schilder darauf hin, dass man Fremden nicht vertrauen und sich vor Raubüberfällen in Acht nehmen solle. Da fühlt man sich als Besucher doch gleich total willkommen, nicht wahr? Immer, wenn ich auf das "Böse" im Menschen treffe, vergeht mir die Freude daran, eine Stadt zu erkunden. Das ist wohl zum Teil auch der Grund, warum ich viel lieber in der Natur unterwegs bin. Mir ist es zuwider, wenn sich Menschen daneben benehmen oder mutwillig das Eigentum eines anderen zerstören/stehlen. Es scheint mir, als würde sich dieses Verhalten besonders in Großstädten bündeln, da hier natürlich so viele Menschen aufeinandertreffen.

Als ich Marc jedoch vom Flughafen abgeholt hatte, verschwendete ich zunächst einmal keinen Gedanken mehr an mein ungutes Gefühl. Wir fuhren in die Stadt in eine Garage, in der wir für zwei Nächte mit dem Bulli stehen wollten - sicher sowohl vor Hitze als auch vor möglichem Vandalismus. Danach begaben wir uns auf eine erste Erkundungstour und ich fand es besonders schön zu beobachten, wie sich die Spanier auf der Straße für einen Klönschnack treffen, um sich bei einem Kaffee eine verdiente Pause zu verschaffen. Wir taten es ihnen gleich und Marc hatte somit die Möglichkeit, langsam in seinem ganz eigenen Sabbatical anzukommen.

Noch am ersten Abend entschlossen wir uns dafür, ein wenig Live-Musik in einer besonderen Atmosphäre zu genießen. Im "MEAM"

(Museum Europeu d'Art Modern) fand neben der aktuellen Ausstellung "ModPortrait 2023" auch der Friday Blues statt. Und obwohl das Museum unserer Meinung doch nicht der ideale Ort für ein Blues-Konzert war (die Akustik litt doch sehr, da die Räume eben nicht auf Veranstaltungen dieser Art ausgelegt waren), haben wir sowohl die gute Musik als auch die Ausstellung sehr genossen! Ein absolut gelungener Start in unsere gemeinsame Reise.

Die Nacht allerdings werde ich in nicht so guter Erinnerung behalten. Azura leidet unter Geräusch-Angst und obwohl ich die Hoffnung hatte, dass wir in unserer Garage nicht viel vom Trubel der Stadt mitbekommen würden, erfuhren wir das genaue Gegenteil. In der Nacht hörten wir diverse Explosionen (?). Ich konnte die Geräusche nicht recht identifizieren, jedoch hörte es sich für mich nach wesentlich mehr als einem normalen Böller an. Und Azura ging durch eine Panikattacke nach der anderen. An Schlaf war für mich in dieser Nacht kaum zu denken. Ich versuchte ihr beizustehen, richtete ihr ein Versteck unter dem Bett ein und trotzdem zitterte sie am ganzen Leib. Neben dem Geknalle, wurden wir ebenso von lautem Geschrei und diversen anderen beunruhigenden Geräuschen durch die Nacht begleitet - im Endeffekt war ich mehr als froh, dass wir in Barcelona nicht "frei" standen, aber davor wird im Internet sowieso eindringlich gewarnt!

Nach der schlaflosen Nacht holten sich unsere Körper die verpasste Ruhe in den Morgenstunden und am Vormittag zurück - wir schliefen bis kurz vor 11 Uhr. In den zweiten Tag starteten wir dann mit der Erkenntnis es langsam angehen lassen zu wollen, packten unser Frühstück in einen Rucksack und machten uns auf den Weg in einen Park, um besonders Azura ein schönes Erlebnis zu bereiten. Dort angekommen, gab es Bagels mit Avocado und Marmelade. Und wir beide stellten wieder fest, wie schön es ist, besonders die kleinen Dinge mehr zelebrieren zu können, wenn man sich auf so eine Reise begibt. Einfach in einem Park zu sitzen, sein Frühstück zu sich zu nehmen und den Trubel um einen herum beobachten zu können, ohne aktiv daran teilzunehmen. Natürlich kann man all das auch im Alltag tun, allerdings bleibt die Frage, wie oft wir das wirklich zulassen können und uns überhaupt die Zeit dafür nehmen?

Leider kam es auch hier wieder zu Knallgeräuschen und somit war die entspannte Stimmung erneut dahin. Wir machten uns zurück auf den Weg zum Bulli, um dort den Rest des Tages zu planen. Schnell kamen wir auf den gemeinsamen Nenner, dass wir gar nicht viel unternehmen, sondern einfach in den Tag hineinleben und später unsere Rooftop-Yoga-Stunde, welche ich vorab gebucht hatte, besonders auskosten wollten. Da Marc selbst als Yogalehrer praktiziert, hatte ich mir dieses besondere Erlebnis über den Dächern Barcelonas als idealen Einstieg in die gemeinsame Zeit ausgemalt. Bis dahin machten wir es uns wieder in einem Bistro gemütlich. Allein dort zu sitzen, Marcs Kopf in meinem Schoß, weil ihm nach einem kleinen Nickerchen war, und ein Buch in der Hand - für mich braucht es nicht mehr, um glücklich zu sein.

Barcelona und seine laute Seite

Dass es auch während der Bullireise immer mal wieder Momente der Ernüchterung gibt, sollte ich wenig später erfahren. Wir hatten uns entschieden, den Wagen an der viel befahrenen Straße zu parken, während wir zum Yoga gehen würden - in der Hoffnung, dass uns an einem so belebten Ort niemand ein Fenster einschlagen würde. Azura durften wir mit zum Yoga nehmen, da es an der frischen Luft stattfinden würde. So weit so gut. Wir beide hatten uns sehr auf die Yogastunde gefreut und die Voraussetzungen hätten nicht besser sein können: ein bedeckter Himmel sorgte dafür, dass es weder zu warm noch zu kalt war, der Ort war liebevoll gestaltet und die Menschen total sympathisch. Azura wurde freudestrahlend begrüßt und ließ sich umgehend in einer Ecke nahe meiner Yogamatte für ein Schläfchen nieder.

Kurz bevor wir das erste Mal in den herabschauenden Hund starteten, hörte ich wieder Explosionen in der Ferne. Ein kurzer Blick durch meine Beine hindurch zu Azura verriet mir: Yoga konnte ich für mich heute vom Programm streichen. Sie geriet innerhalb von Minuten wieder in eine Panikattacke. Und natürlich ist mir mein Hund wesentlich wichtiger als eine Yogastunde - nichtsdestotrotz war ich ziemlich geknickt, als ich deren Rest mit Azura im Treppenhaus bei Regengeräuschen von meinem Handy zu ihrer Beruhigung ausharrend verbringen musste. Ich war sehr erleichtert, als die kleine Maus sich wieder beruhigte und gönnte Marc von Herzen, dass zumindest er die Praxis für sich genießen konnte.

Im Nachgang mussten wir allerdings in Windeseile zurück zum Bulli finden, da Azura auch auf dem Weg nicht von weiteren Knallgeräuschen verschont blieb - teilweise gingen wir im Stechschritt, manchmal trugen wir sie sogar, damit sie sich etwas mehr in Sicherheit wissen konnte. Schon vor unserer Yogastunde stand für uns allerdings fest: in Barcelona bleiben wir definitiv keine weitere Nacht.

Ich fuhr uns also etwa 40 Minuten raus in die Berge in der Nähe von Navás und wir fanden alle drei in einen sehr ruhigen und tiefen Schlaf, als wir an einem grünen Fleckchen inmitten der Natur direkt an einem seichten Bach gelegen ankamen. Wieder ein Moment, in welchem mir erneut bewusst wurde, dass mir die Zeit in der Natur immer wesentlich mehr gibt, als der Aufenthalt in einer Stadt!

Unsere Stellplätze fand ich während der Reise über verschiedene Apps. Da ich der Überzeugung bin, dass immer wieder tolle Anwendungen für diesen Bereich konzipiert werden, möchte ich an dieser Stelle keine speziell empfehlen. Ich bin selbst immer wieder gewechselt, habe insbesondere Erfahrungsberichte der Nutzer:innen durchkämmt und so immer wieder außergewöhnliche Plätze für eine Nacht oder mehr gefunden.

17. Nacktbaden und Selbstgeißelung

Ich melde mich aus Saint-Marcet, Frankreich, heute ist der 27. Juni. Gestern haben wir Spanien den Rücken gekehrt, was mir zugegebenermaßen nicht leicht fiel, denn die Küsten von Spanien und auch von Portugal haben bei mir einen bleibenden Eindruck hinterlassen. Die letzten zwei Nächte hatten wir dort in den Pyrenäen verbracht. Unser Stellplatz war traumhaft mitten im Tal zwischen ein paar Tannen und viel Grün gelegen. Nur wenige hundert Meter von unserem Bulli entfernt startete ein Wanderweg, den wir nach der ersten Nacht in Angriff genommen haben.

Es ging relativ steil bergauf - zwischen kleinen Wasserfällen, davon ausgehenden Bachläufen und viel Pflanzenvielfalt. Der "Parc Nacional d'Aigüestortes i Estany de Sant Maurici" begrüßte uns mit sonnigem Wetter und abkühlendem Wind. Nach kurzer Zeit kamen wir an eine Weggabelung, an der wir uns eigentlich links orientieren und damit einen weniger anspruchsvollen Weg nach oben wählen wollten. Marc entschied für sich, dass er nun doch gerne die Herausforderung annehmen und die anspruchsvollere Route nehmen wolle. Azura und ich zogen also zunächst alleine weiter - später würden wir uns dann an einer erneuten Gabelung wieder treffen. Schon nach kurzer Zeit fragte ich mich, wo meine Abbiegung bleibt. Wir mussten laut App einige Höhenmeter wieder hinunter, bevor der Weg uns dann erneut zum Berg hinaufführen sollte. Ich mache es kurz: Es gab keine Abbiegung ...

Als Azura und ich also wieder auf Höhe des Stausees angelangt waren und sie ein erstes, verdientes Bad genommen hatte, gab ich Marc eine Info, dass wir nachkommen würden und wir machten uns den ganzen Weg bergauf zurück zum Ausgangspunkt. Herrlich. Marc war so lieb und begrüßte uns auf halbem Weg und wir wanderten von diesem Punkt an nun doch wieder zu dritt weiter. Der Weg war in gutem Zustand, nicht unfassbar schwer, jedoch durch die Temperaturen durchaus eine schweißtreibende Angelegenheit. Auf der ersten Anhöhe belohnten wir uns mit herrlich kaltem durstlöschendem Wasser direkt von der Bergquelle und machten eine kleine Pause. Mit genügend Flüssigkeit sowie Snacks intus setzten wir unseren Weg über saftig grüne Wiesen, die Azura besonders feierte, fort.

Mit jedem Höhenmeter wurden wir mit einer noch schöneren Aussicht belohnt. Wir hatten einen sagenhaften Blick über weit entfernte Berge und hinunter ins Tal auf den Stausee Pantà de Sallente. Nachdem wir einige Tunnel durchqueren mussten, die mich in Bezug auf meine Platzangst auf eine erneute Probe stellten, gelangten wir schließlich zu dem See Estany Gento, welcher auf 2200 m Höhe liegt. Dort konnten wir auch ein paar Kühe begrüßen (über die ich übrigens heute noch nachdenke, weil ich mich frage, wie diese Tiere es den steilen Aufstieg hoch geschafft haben?), die ein wirklich wundervolles Leben zu haben scheinen inmitten dieser atemberaubenden und grünen Kulisse. Wir wussten bereits, dass das Restaurant vor Ort geschlossen haben würde und so legten wir unsere große Pause auf eigene Faust im Schatten ein. Nach einem anschließenden kleinen Sonnenbad entschieden wir, dass wir noch ein "kleines Stück" weiter zu einem weiteren See wandern wollten. Das kleine Stück stellte sich als ziemlich steil sowie kräfteraubend heraus und forderte unsere bereits beanspruchten Muskeln noch einmal ordentlich. Auch Azura warf mir von Zeit zu Zeit einen "Sind-wir-bald-da?-Blick" zu.

Eisbaden für Anfänger

Als wir diesen weiteren Anstieg auch gemeistert hatten, wurden wir mit einem sagenhaften Blick auf den See Estany Tort belohnt. Ich wollte schon immer mal in einem Bergsee baden. Zum Zeitpunkt unserer Ankunft war der Himmel allerdings bedeckt und als ich mit den Füßen das Wasser testete, zog sich alles in mir zusammen - wie sollte ich da bitte drin baden?! Marc allerdings machte ziemlich kurzen Prozess: Erst schmiss er sich in die Badehose und nach kurzem Zögern dann auch in den eiskalten See. Und das beinahe ohne mit der Wimper zu zucken - ich war schon etwas beeindruckt. Und ich wollte diese Erfahrung auch unbedingt machen, aber dafür musste ich mich erst einmal überwinden! Da ich keine Badesachen dabei hatte, entledigte ich mich meiner Wanderklamotten und stieg nackt zum glasklaren Wasser hinunter. Obwohl ich selbst felsenfest überzeugt war, dass ich mich niemals überwinden können würde, durchzog mich von dem einen auf den anderen Augenblick ein Gefühl der puren Euphorie zusammen mit dem Gedanken "ich will das aber jetzt". Und im nächsten Moment sprang ich Kopf vorwärts in das kalte Nass.

Beim Auftauchen gab ich laut meinem Freund so lautstarke "Kälte-Empfindungsgeräusche" von mir, dass diese von den Bergen zurückhallten. Ehrlicherweise kann ich mich nur noch sehr genau daran erinnern, dass ich kaum Luft bekam und so schnell wie möglich zum Ufer schwamm, an dem ich - typisch Tollpatsch - zunächst keinen Halt auf den Steinen fand und in meinem Evakostüm herumhampelnderweise mehrmals zurück ins Wasser plumpste... Für Marc war das ein ziemlich belustigender Anblick. Kann ich mir ja kaum vorstellen ... jedenfalls kann ich sagen, dass ich meinen Sprung und die Tatsache, dass ich mich zu diesem überwunden habe, absolut nicht bereut habe. Es war ein einmaliges Erlebnis.

Der Rückweg gestaltete sich weniger anspruchsvoll und so schafften wir es in knapp unter zwei Stunden zurück zum Stausee, wo der Bulli auf uns wartete. Insgesamt waren wir sieben Stunden unterwegs und ich würde diese Wanderung zweifelsohne zu einer der schönsten zählen, die ich bisher unternommen habe.

Ich bin's, dein innerer Kritiker

Gleich am nächsten Morgen folgte ein weiteres Highlight: Diverse Kühe und ihre Kälber weckten uns mit ihren Glocken und standen direkt neben unserem Fenster. Für mich war das ein so schönes und natürliches Erlebnis, inmitten der Natur auf diese Weise geweckt zu werden. Azura schien zunächst nicht ganz so begeistert, schaute sich das Schauspiel aus dem Bett heraus allerdings auch interessiert an. Besser kann man doch gar nicht in einen neuen Tag starten, oder?

Und so schön dieser Tag auch startete, nahm er für mich einen zumindest mental sehr anstrengenden Verlauf. Mir ist es so verdammt wichtig nicht aufzuhören auch diese Momente mit dir über diese Zeilen zu teilen. Erst einmal, um deutlich zu machen, dass psychische Krankheiten für die meisten Außenstehenden unsichtbar bleiben und auch, um darüber aufzuklären, dass Depressionen sowie Begleiterscheinungen von z.B. Traumata nicht nur dann stattfinden, wenn "es gerade passt", sondern häufig wie eine Bombe in den Alltag einschlagen.

Nachdem uns die Kühe geweckt hatten, bemerkte ich lediglich, dass ich an diesem Tag zum Grübeln neigte. Das allein ist für mich allerdings selten besorgniserregend, da ich - auch fernab von meiner Krankheit - ein nachdenklicher Mensch bin und es durchaus schätze, mich von Zeit zu Zeit in meinen Gedanken zu verlieren. Vielleicht fällt es mir gerade deshalb häufig schwer, den negativen Verlauf dieser Gedanken vorauszusehen oder vielmehr die "Frühwarnzeichen" für eine negative Spirale auszumachen.

An diesem Tag, der übrigens erst gestern war, bemerkte ich erst am Nachmittag, wie ich wieder "Selbstgeißelung" betrieb. Gerade in diesem Augenblick war ich sehr dankbar Marc, an meiner Seite zu wissen. Denn mit ihm habe ich einen Menschen bei mir, der ganz genau nachempfinden kann, was in mir vorgeht, da er es am eigenen Leib erlebt hat. Und das ist für mich etwas ganz Besonderes. Natürlich weiß ich auch so, dass ich mit meinem Päckchen nicht alleine bin. Aber sich direkt mit einem dir nahestehenden Menschen auszutauschen, der deine Gedanken nachempfinden kann, ist Gold wert.

Und deshalb hat Marc auch gestern recht schnell bemerkt, dass etwas nicht im Lot ist. Er hat mich sofort darauf angesprochen und ich bin froh, dass ich inzwischen wesentlich offener mit meinen wirren Gedanken umgehen kann. Ich weiß, dass meine zum Teil sehr kritische Art mir selbst gegenüber zu einem Großteil absolut unbegründet ist - **rein vom Intellekt her** weiß ich das. Denn in dem Modus, in dem ich mich gestern befunden habe, glaube ich meinen Gedanken trotz dieses Wissens. Sie drehen so lange eine Schleife durch mein Hirn, bis ich quasi unter ihrer Last zusammenbreche, ihnen meine volle Aufmerksamkeit schenke und sie von da an auch nicht mehr anzweifle. Wahnsinn, oder?

Nun fragst du dich vielleicht, was **genau** da in mir vorgeht. Es sind banale Situationen, in denen mein Hirn plötzlich eine komplett andere Richtung einschlägt. Zum Beispiel sitze ich dann morgens vor dem Bulli in meinem Campingstuhl mit einem Kaffee in der Hand in der Sonne und noch dazu neben dem Menschen, den ich liebe und von einem auf den anderen Augenblick kommt der Gedanke: "Warum bin ich gerade nicht glücklich? Ist er es? Gehe ich ihm vielleicht gerade auf die Nerven?" Und diesem Gedanken folgen dann welche wie: "Was könnte ich besser machen? Sollten wir einen anderen Weg einschlagen?" Das Ironische dabei ist: Ich bemerke zunächst nicht, wie ich mich in dieser Gedankenschleife immer weiter hochschaukle. Es passiert im Hintergrund und es sind wirklich beiläufige Dinge oder Themen, die für mich meistens gar keine größere Aufmerksamkeit verdient hätten, weil sie nur die Laune eines kurzen Zweifels sind, von dem ich weiß, dass ihn jeder einmal hat.

Doch dann folgen bei mir kleine "Hängerchen"? Ich weiß nicht, wie ich es beschreiben soll, aber du wirst das Gefühl einer Tagträumerei sicherlich kennen. Man starrt vor sich hin, der Blick wird unscharf und man verharrt so sehr im Augenblick, dass alles um einen herum verblasst. Und diese Hängerchen machen zunächst nur Sekunden aus, bis ich schließlich richtig hineinrutsche und im Schlamm stecken bleibe. Marc bemerkt das bei mir erstaunlich schnell. Ich selbst bemerke es meistens auch, stecke dann allerdings schon so sehr in diesen Gedanken drin, dass es mir nicht ohne weiteres möglich scheint, mich wieder davon zu lösen. Und das geschieht dann über den Tag verteilt immer und immer wieder.

Das meinte ich mit "zunächst bemerke ich die negative Schleife nicht", weil sie sich so langsam anschleicht.

Und dann kommt der Moment, in dem ich die Vorgänge in mir bewusst wahrnehme. Ich bin beinahe stolz, dass ich dazu inzwischen im Stande bin. Vor allem, dass ich es an diesem Punkt schaffe. Durch das Reflektieren wird mir bewusst, dass ich innerlich vor allem mich selbst in Frage stelle und das vollkommen zu Unrecht! Ein Augenblick, in dem ich in einen Modus des Selbsthasses verfalle. Ich bin wütend über die Abfolge meiner Gedanken und dass ich ohne Grund die schlimmstmöglichen Szenarien durchgehe, statt glücklich im Hier und Jetzt zu sein, weil doch gerade alles wirklich richtig gut ist! In mir baut sich Wut auf, weil ich - obwohl ich wirklich glücklich sein "könnte" - das Glück nicht zulassen kann. Und dann hinterfrage ich wiederum, wieso ich mein Glück in Frage stelle.

Das bringt mich zu einem ganz anderen wichtigen Punkt in Bezug auf diese Selbstgeißelung... Ich habe nämlich wirklich ein Problem damit, mir Glück zuzugestehen. Zum Beispiel gibt es mir tatsächlich jedes(!) Mal ein negatives Gefühl, wenn mir jemand sagt "Du siehst so schön glücklich aus!" Ich höre das nicht gerne. Dabei ist es doch so etwas Tolles! Wieso ist das so? Irgendetwas in mir muss mir das ja verbauen und das wiederum muss schließlich einen Grund haben.

Und da haben wir aber schon einmal einen ganz wichtigen Punkt: Ich erkenne an, dass es so ist und hinterfrage meine Gedanken. Und das ist der erste Schritt: anzunehmen, wie es ist. Diese Spirale in meinem Kopf aus anderen Perspektiven zu betrachten. Zu erkennen, welche Zweifel ihre Daseinsberechtigung haben und von welchen ich mich losreißen muss, weil sie ganz einfach unsinnig und ungesund für mich sind. Dass Gedanken eben nur Gedanken und nicht gleich Tatsachen sind oder gar der Realität entsprechen. Und das alles ist ein langer Prozess. In dem ich drin stecke. Und das bedeutet nicht, dass es direkt leicht ist, nur weil man die Problematik erkennt. Gedankenmuster aufzulösen ist nämlich etwas, das meiner Meinung nach enorm viel Durchhaltevermögen und Mut erfordert. Beides wünsche ich jedem, der mit den gleichen Mustern kämpft.

An solchen Tagen hilft mir, nicht allein mit meinen Gedanken zu sein, für Ablenkung zu sorgen und einiges erst einmal hinzunehmen, wie es gerade ist. Gestern haben ein leckeres Eis und Besorgungen, die erledigt werden mussten, diese wichtige Aufgabe übernommen und mir für diesen Tag aus dem schlammigen Strudel herausgeholfen. Ich bleib dran und möchte vor allem endlich mehr in den Fokus setzen, dass ich glücklich sein darf. Dass ich auf Bildern strahlend glücklich aussehen und mich eben **auch** so fühlen darf!

Und schwupps, kleiner Zeitsprung: Inzwischen schreibe ich dir aus der Region Cassinelle in Italien und wir haben schon Anfang Juli - die gemeinsame Zeit mit Marc verfliegt. Das ist auch der Grund, warum ich länger nicht mehr zum Schreiben gekommen bin. Ich habe jeden Moment ausgekostet. Nachdem wir Spanien hinter uns gelassen haben, sorgte ein kurzer Stopp für zwei Nächte auf einem Bauernhof in Frankreich dafür, dass wir wieder neue Energie tanken konnten. Wenn man jeden Tag mehrere Stunden Auto fährt, ist es wichtig, auch mal zur Ruhe kommen zu dürfen. Indem wir irgendwo mal länger als eine Nacht stehen, kann ich wieder etwas herunterfahren und mich von dem Chaos auf Italiens Straßen erholen.

Auf unserer Strecke durch die Provence wurde uns entlang der Küste schnell klar, dass es alles andere als leicht ist, mal eben frei zu stehen. Trotzdem machten wir das Beste aus der Situation und genossen vor allem die Zeit am und im Meer. Dieses klare Wasser und die Möglichkeit, einfach von Zeit zu Zeit eine Abkühlung in Anspruch nehmen zu können, gefällt mir so sehr. Im Innenland schmelze ich hingegen eher vor mich hin und mag mich die heißeste Zeit des Tages am liebsten gar nicht bewegen.

Auch für Azura war die Zeit an der Küste eine schöne Abwechslung. Sie hat ein kleines Helfersyndrom und konnte uns nie allein baden lassen: entweder sie stand winselnd am Strand oder schwamm uns direkt hinterher. Aber auch, wenn für sie damit viel Aufregung einher ging, bin ich mir sicher, dass sie jede Sekunde am Meer genauso genossen hat wie ich.

Ich bin das erste Mal in meinem Leben in Italien. Das Wetter ist hier derzeit ziemlich mild - neben der Sonne gibt es auch viele Wolken und Wind, der dafür sorgt, dass wir selbst hier im Inland keine irre Hitze ertragen müssen. Wir haben die erste Nacht in Italien ziemlich unspektakulär und eher aus der Not heraus in einem Dorf, durch das wir fuhren, direkt an der Hauptstraße verbracht. Eigentlich hatten wir uns einen schönen Stellplatz rausgesucht, aber zum Bullileben gehört definitiv auch, dass solche Stellplätze nicht immer das sind, was man sich erhofft hatte. Bei uns hieß das, dass wir plötzlich auf einer verlassenen Baustelle standen. Nicht gerade der optimale Ort für eine Übernachtung. Aber wer ein wenig Geduld hat, findet überall einen Stellplatz, der für eine Nacht vollkommen ausreicht.

Gastfreundschaft, die sprachlos macht

Bisher gefällt mir besonders die Weite in Italien. Das satte Grün, die süßen kleinen Dörfer und die immer freundlichen Menschen! Auch, wenn hier kaum jemand wirklich Englisch spricht, hat man uns bisher immer mit offenen Armen empfangen.

Für unsere letzte Nacht haben wir über die App "Agricamper" einen Stellplatz gefunden. Wir sollten laut dieser kostenlos auf einem Weingut und Bauernhof die Nacht verbringen und sogar eine Toilette mitbenutzen dürfen. Bei unserer Ankunft fiel die Begrüßung durch eine Dame vor Ort eher kühl aus. Mangels "Sprachübereinstimmung" kommunizierten wir mit Händen und Füßen jedoch trotz dessen ziemlich solide miteinander. Sie zeigte uns den schönen Hof, die Toiletten und überließ uns damit uns selbst. Zunächst fühlte ich mich etwas fehl am Platz, doch je länger wir blieben, desto wohler fühlten wir uns. Nicht nur, dass das Anwesen eindeutig mit Liebe gepflegt war: ebenfalls mit von der Partie waren Hühner, Pferde, ein Hund sowie ein zuckersüßer Esel namens Gecko (ich liebe Esel!). Wir verbrachten also die ersten paar Stunden damit das Treiben auf dem Hof auf uns wirken zu lassen und den Esel zu kuscheln.

Am Abend wollten wir das EM-Spiel Deutschland gegen Spanien schauen und da wir auf dem Weingut so gut wie keinen Internetempfang hatten, mussten wir eine andere Lösung finden. Als ein Mitarbeiter des Hofes ganz von sich aus auf uns zukam und uns etwas empfahl, das wir in der Gegend unternehmen könnten, fragten wir ihn mittels Übersetzungs-App nach einer Möglichkeit in der Umgebung das Spiel ansehen zu können. Eine Bar im nächsten Städtchen sollte eine gute Anlaufstelle sein und so bedankten wir uns und machten uns schon bald auf den Weg dorthin.

In Carpeneto angelangt, irrten wir zunächst etwas verloren auf der Suche nach der Bar durch die Gassen. Schlussendlich durften wir vor einem sehr unscheinbaren und nicht gerade einladenden Gebäude feststellen: das wird sie wohl sein. Da Marc sich mit Fremden immer etwas leichter tut, als ich es zumeist im Stande bin, erfragte er, ob denn hier das Spiel ausgestrahlt werden würde. Tatsächlich fand sich ein Gast mit Englischkenntnissen und spielte kurzerhand den Übersetzer zwischen uns und dem Wirt. Wieder war jeder sofort bemüht und herzlich - wir fühlten uns wohl!

Nachdem wir herausgefunden hatten, dass hier kein Fußballspiel laufen würde, fragten wir nach der Möglichkeit, das WLAN nutzen zu dürfen, um das Spiel über unser iPad verfolgen zu können, und wurden mit einer sofortigen Bestätigung dessen eingeladen, zu bleiben. Danach folgte ein Abend, den ich mit Sicherheit auch in Zukunft sehr positiv mit meiner ersten Reise durch Italien verbinden werde. Nicht nur, dass der Wein absolut köstlich schmeckte, nein, man stellte uns auch noch Chips dazu und jeder, der die Bar betrat, grüßte freundlich. Der Wirt sah regelmäßig nach uns und verfolgte eifrig mit, ob Deutschland denn gewinnen würde. Absolut herrlich! Als i-Tüpfelchen gab es vor Ort sogar leckeres Eis. Und während wir mit Spannung verfolgten, ob unsere Mannschaft es ins Halbfinale der EM schaffen würde, wurden wir mit Wein-Nachschub und Focaccia verwöhnt. Auch, wenn es am Ende nicht für einen Sieg reichte, so war der Abend in dieser Bar für Marc und mich trotzdem ein riesiger Gewinn. So herzliche Gastfreundschaft habe ich bisher selten erlebt - wir flogen quasi auf einer Wolke beschwipst zu unserem Bulli zurück, weil wir einfach so beseelt von dieser tollen Erfahrung waren.

Obwohl der Alkohol in meinem Blut zunächst dafür sorgte, dass ich innerhalb kürzester Zeit ins Land der Träume glitt, wachte ich nach wenigen Stunden wieder auf und mein Körper schien plötzlich genug Schlaf gehabt zu haben. Ich nutzte die Gelegenheit und blickte aus der geöffneten Heckklappe des Bullis auf das offene Feld, an dem wir direkt neben dem Hof standen. Auf einem Anhänger, der am Rand der Szenerie stand, landete eine kleine Eule und rief laut in die stille Nacht. Sie war nur wenige Meter entfernt und dank des sternenklaren Himmels war es hell genug, um sie gut beobachten zu können. Ich weckte Marc, um auch ihn an dem schönen Schauspiel der Natur teilhaben zu lassen und wir blickten einige Minuten still nach draußen. Als unser Besuch sich wieder verabschiedete, gab mir auch mein Körper das Signal, dass ich es doch noch einmal mit dem Schlafen probieren sollte und so kuschelte ich mich wieder an Marc.

Die Freiheit, dein Leben zu gestalten ...

... kann ab und an ziemlich erdrückend und eine große Herausforderung sein. So empfinde ich es derzeit zumindest. Ich sitze in Italien direkt vor den malerischen Weinbergen und habe noch drei Monate Freizeit vor mir. Aber was ist dann? Was wünsche ich mir selbst für meine Zukunft? Was könnte mein Wohlbefinden weiter positiv prägen und welche Richtung sollte ich eher nicht einschlagen?

So viele Fragen und so viele mögliche Optionen. Mein Kopf platzt und die Gedanken rund um dieses Thema scheinen immer lauter gegen meine Schädeldecke zu klopfen. Zunächst sage ich mir dann immer "die Zukunft wird es schon zeigen". Erst einmal kein schlechter Ansatz, oder? Zumindest einer, mit dem man sich selbst den Druck nimmt. Aber ist es auch der richtige Ansatz für meine Situation? Schließlich müssen gewisse Entscheidungen irgendwann getroffen werden und wenn ich dann immer nur wieder diesem Ansatz folge, laufe ich immer weiter weg vor der Entscheidung. Der Druck erhöht sich dadurch gefühlt für mich nur noch mehr.

Was ich an diesem Problem - meinem Problem - so ironisch finde, ist, dass die wenigsten Menschen ihre eigene Freiheit überhaupt wirklich zulassen und nutzen. Wie viele von uns bleiben ein Leben lang in ihrem Hamsterrad, ohne je das eigene Potential und ihre Möglichkeiten im Leben nur in Betracht gezogen zu haben? Ich glaube, dass es viele sind. Und ich glaube auch, dass es den meisten nicht einmal bewusst ist, wie viele Optionen und damit Freiheiten sie wirklich haben. Es gibt endlos viele Wege, die wir einschlagen können und wir haben jederzeit die Macht uns nach rechts oder links zu drehen, um uns für einen anderen zu entscheiden. Wenn man sich das selbst einmal bildhaft vor Augen führt, wird einem erst bewusst, wie **viel** Macht wir über unser eigenes Befinden haben und wie **wenig** wir davon nutzen.

Ich spüre die große Herausforderung, dass ich mich gerade an einem Punkt in meinem Leben befinde, an dem ich die Karten neu legen kann. Was nicht bedeutet, dass all meine Entscheidungen dann für die Ewigkeit in Stein gemeißelt sind. Trotzdem empfinde ich die vielen Optionen auch als einen Druck. Ich möchte meine Zukunft mit glücklichen Momenten gefüllt wissen. Mein Ziel ist es, die Weichen so zu stellen, dass mir das Leben leichter als in den letzten Jahren fällt und dass ich ein großes Stück Freiheit aus diesem Sabbatical in meinen Alltag mitnehme und dort bewahre.

Zwischen Genuss und Hitze

Nachdem wir das Weingut nähe Trisobbio hinter uns gelassen hatten,
checkten wir am 6. Juli gleich bei dem nächsten ein. Schon bei unserer
Ankunft bei der "Cantine Alma" fiel die Begrüßung herzlich aus. Wir
durften direkt vor dem Haus der Besitzer stehen und sogar den Garten
mit Blick auf die Weinreben nutzen! Um dieses Flair in Gänze aufsaugen
zu können, buchten wir noch für denselben Abend eine Weinprobe.

Stell dir das nur vor: Du sitzt gemütlich auf einer Terrasse, blickst auf
den grünen Garten und die facettenreiche Landschaft dahinter, welche
vor allem von Weinbergen geprägt wird. Die Sonne geht langsam unter,
es ist noch immer angenehm warm und währenddessen genießt du drei
köstliche Weine mit ebenso köstlichem Käse. Der Duft des Weines in der
Nase, der laue Wind auf deiner Haut und der Mensch, den du liebst und
lange vermisst hast, direkt vor dir sitzend. Himmlisch sage ich dir. In
solchen Momenten platze ich beinahe vor Glück in meiner Brust!

Am Tag darauf erlebten wir eine schöne Zeit im Naturschutzgebiet "Parco Naturale delle Capanne di Marcarolo". Eine längere Wanderung führte uns zunächst an einen ausgetrockneten See. Mit der Hoffnung auf eine Abkühlung setzten wir unseren Weg fort und wurden schließlich am darauffolgenden See mit seichtem und glasklarem Wasser belohnt. Doch kurz nachdem wir drei dieses genossen hatten, zog ein Gewitter auf. Wegen Azuras Geräuschangst verlief der Rückweg leider recht unentspannt, begleitet von wirklich mächtig klingendem Donner direkt über uns, welcher durch die Berge noch gewaltiger klang. Pitschnass kamen wir schließlich wieder am Bulli an.

Da wir wirklich keine Lust mehr auf eine lange Fahrt hatten, beschlossen wir uns spontan, wild im Naturschutzgebiet mit Blick auf den Monte Tobbio mit seinen 1092 m Höhe zu stehen. Auch dort begleitete uns das Gewitter weiter mit starkem Wind, der unser Zuhause ordentlich ins Schwanken brachte. Trotzdem war die Aussicht am Morgen darauf atemberaubend. Ganz allein an so einem schönen Ort aufzuwachen hat etwas ganz besonderes. Und jetzt, nach bereits fast vier Monaten Auszeit, kann ich weiterhin bestätigen, dass es oftmals die Möglichkeit gibt, frei zu stehen, wenn man bereit ist, ein wenig nach einem passenden Platz zu suchen. Und, wie immer, ist es mir wichtig, dir mitzugeben, dass man jeden Platz sauberer verlassen sollte, als man ihn vorgefunden hat. Also habe ich auch an diesem Morgen meine Runde gemacht und jeden Müll eingesammelt, der sich dank rücksichtsloser Menschen in die Natur verirrt hat. Die kleinen Schritte machen am Ende den großen Unterschied - die Natur dankt es uns!

Das Trauma - ein Teil von mir?

Wir setzten unseren Weg fort, stoppten für einen Sprung ins Meer und nach vielen, vielen Kurven gelangten wir schließlich nach Vernazza - dieses Dorf gehört mit zu den fünf berühmten Dörfern der Cinque Terre. Von oben aus hatten wir einen wunderschönen Blick auf die bunten Häuser und den süßen kleinen Hafen. Wir übten an Ort und Stelle Yoga, einfach, weil er so traumhaft dafür geeignet war.

Nach meinem Shavasana (Endentspannung beim Yoga) saß ich noch lange mit Blick auf die irre Weite des Meeres dort und verdrückte ein paar Tränen - es überkam mich einfach bei diesem Ausblick. Zum Groß- teil, weil mir einmal mehr und intensiver als zuvor bewusst wurde, dass ich vor allem mir selbst sehr dankbar bin. Dankbar dafür, dass ich diese Reise für mich mache. Außerdem bemerkte ich Fortschritte im Hinblick auf meine Traumaverarbeitung. Mit einigen Dingen habe ich Frieden schließen können und schenke ihnen nicht länger meine Aufmerksam- keit. Ich verarbeite einiges ganz langsam und das zu bemerken, löst in mir Ballast. Ballast, den ich seit so langer Zeit mit mir herum schleppe. Als würde er fest zu mir gehören, ein Teil von mir sein - eine Lüge, die ich mir diese ganzen Jahre lang erzählt habe. Denn nur, weil ich traumatisiert bin, bin ich nicht meine Traumata. Sie haben mein Leben nachhaltig beeinflusst, aber es ist an der Zeit loszulassen. Und in den Bergen war ein guter Zeitpunkt, um ein bisschen Schwere von meiner Brust einfach dort oben zu lassen.

Ich hätte mir diesen Moment gerne in ein Glas gepackt, um ihn mitnehmen und immer wieder abrufen zu können. Um ihn anderen zeigen zu können, weil ich dabei Stolz empfand. Denn für mich bedeutete dieser Moment dort oben einen großen Fortschritt - bei der Reise zu mir selbst, weg von dem, was mich runterzieht, obwohl es dazu absolut kein Recht hat. Natürlich bedeuten Selbstreflexion und das Anwenden verschiedener "Werkzeuge" auch immer ein Vorankommen - all das möchte ich mit der Beschreibung der oben genannten Situation nicht herunterspielen. Ich denke nur, dass es manchmal Schlüsselsituationen braucht, während derer es "klick" macht und sich ein Knoten in uns endlich löst. Das passierte an diesem schönen Ort mit Blick aufs Meer.

Als ich mit meiner Therapie begonnen habe, war mir die Tragweite meiner Traumata nicht im Geringsten bewusst. Man lebt halt damit und für einen selbst sind es zunächst einfach schlechte Erinnerungen und Erfahrungen, die einen geprägt haben. Aber dass sie dich nachhaltig im Hier und Jetzt beeinflussen (nicht nur dich, sondern auch deine Gefühle, deine Beziehungen und deine Entscheidungen im Leben), das wollte und konnte ich mir bis dahin nicht wirklich vorstellen. Erst als meine Therapeutin begann, die Situationen ein weiteres Mal mit mir zu durchleben, erschlug mich die Klarheit mit einer ungeahnten Wucht. Von dort an konnte ich immer besser verstehen, wieso ich mich in bestimmte Richtungen entwickelt und mit Problematiken in mir selbst zu kämpfen habe.

Erst einmal hat mich diese Einsicht ziemlich traurig gemacht. Und wütend, sehr wütend. Ich wollte den Schmerz nicht hinnehmen, jetzt, da ich ihm so direkt ins Gesicht schauen konnte. Weil es weh tat, den Hintergrund zu verstehen und sich die Tatsache auf der Zunge zergehen zu lassen, dass weglaufen im Endeffekt nichts bringt. Schließlich findet das alles nur in mir statt und warum sollte ich mein gesamtes Leben damit zubringen, vor mir selbst wegzulaufen, wenn ich doch auch - Schritt für Schritt - Frieden schließen kann? Ich kenne die Antwort: weil all diese Schritte eine Ewigkeit in Anspruch nehmen und sich lange (gefühlt) nichts verändert. So sieht es zumindest oftmals aus der eigenen Perspektive heraus aus. Gerade erst vor wenigen Tagen habe ich einer guten Freundin per WhatsApp geschrieben: "Ich habe manchmal das Gefühl, noch so viele mentale Baustellen zu haben, dass ich da niemals von wegkomme".

Wir sind die Generation, die sich mit ihrer mentalen Gesundheit auseinandersetzt. Wir sind auch die Generation, die dafür oft an den Pranger gestellt und als "schwach" betitelt wird. Ich habe mir fest geschworen, dass ich niemals müde werde über diese Thematik zu sprechen. Denn ich bemerke so oft, dass es für viele Menschen in meiner Umgebung eine Notwendigkeit wäre, sich mit ihrer psychischen Gesundheit zu befassen und sie es trotzdem einfach nicht tun. Weil sie zu faul sind oder jemand anderem die Schuld geben und es damit abhaken. Dabei ist es klar, dass oftmals andere Menschen für unsere Traumata verantwortlich sind. Die Auflösung und damit Verarbeitung dieser liegt aber einzig in unseren Händen. Und wenn wir diese Verantwortung vor uns herschieben, machen wir uns selbst das Leben schwerer und geben sie im schlimmsten Fall an unsere Kinder weiter. Und so nimmt das Generationstrauma seinen Lauf. Und weil es so anstrengend ist, sich all dem zu stellen, öffnen sich viele Menschen nicht einmal dafür, darüber zu sprechen. Das Thema wird beiseitegeschoben, runtergespielt oder sogar als lächerlich dargestellt. Ob das unseren Kindern in ihrer Zukunft helfen wird? Ob sie unser Schweigen stärker macht?

Es hört sich hart an, aber ich habe keine Kinder und schließe damit meinen Kreis. Und darüber bin ich ehrlich gesagt sehr froh. Einfach, weil ich schon jetzt beobachte, wie meine Generation ihr eigenes mentales Gepäck zum Teil an die eigenen Kinder weitergibt. Das finde ich traurig. Und trotzdem glaube ich daran, dass die mentale Gesundheit in Zukunft eine größere Rolle als Thema zwischen uns - im Kreise von Familie,

Freuden und auch Arbeitskollegen - spielen wird. Und das ist meiner Meinung nach der erste große und wichtige Schritt.

Schweißtreibende Zeit in Italien

Obwohl uns Italien mit milden Temperaturen und Wind empfangen hatte, zeigte es sich kurz danach von seiner heißesten Seite. Bei weit über 30 °C nahmen wir uns vor, einen Teil der Cinque Terre zu erwandern, indem wir von Vernazza zum nächsten Dorf, Corniglia, laufen. Nach einem Frühstück im Dorf folgten die ersten Treppen hoch hinauf zum Wanderweg "Sentiero Azzurro". Und obwohl dieser lediglich etwas über drei Kilometer lang ist, bedeutete er für uns bei diesen Temperaturen eine wirkliche Sporteinheit. Treppen rauf, Treppen runter, dabei die Sonne gnadenlos auf der Haut. Die Sonnencreme lief zusammen mit unserem Schweiß an uns herunter. Auf halbem Weg machten wir bei einer Art Farm einen Stop für ein Erfrischungsgetränk - Zitronen-Slush hat noch nie so erfrischend geschmeckt wie an diesem Tag!

Nachdem wir in Corniglia angelangt waren, verbrachten wir die Zeit vor Ort mit einem Sprung ins Meer sowie dem Verputzen einer sehr leckeren Pizza. Viele nahmen für den Rückweg die Bahn, doch wir wollten erneut zu Fuß unterwegs sein und so machten wir uns am späten Nachmittag wieder auf den Weg. Dieses Mal konnten wir die Wanderung wesentlich mehr zelebrieren. Die Sonne hatte inzwischen nicht mehr so viel Kraft und es waren weniger Menschen mit uns gemeinsam unterwegs. Für mich bleiben die Cinque Terre in sehr schöner Erinnerung. Auch, wenn sie einen wirklichen Touri-Magneten darstellen, gibt es doch viele Möglichkeiten die Dörfer auf besondere Weise zu erkunden, indem man sehr früh morgens oder spät am Abend unterwegs ist und damit die Menschenmassen etwas umgeht.

Nachdem wir uns im weiteren Verlauf unserer Reise auf einen Kinobesuch der besonderen Art ohne jegliche Italienischkenntnisse einließen (kann man mal machen, aber wir haben definitiv nicht alle wichtigen Handlungen des Films verstanden), entschieden wir uns für unseren nächsten Halt ein weiteres Mal für einen Agricamp-Stellplatz.

Das "La Burlanda" bot uns in der sengenden Hitze leider keinen Stellplatz mit Schatten, dafür allerdings einen Pool, den wir in vollen Zügen auskosteten. Ich erinnere mich, wie sehr ich es genoss, immer wieder Arschbomben zu machen und gar nicht mehr aus dem Wasser raus wollte.

Am Abend hatten wir uns einen Tisch im Restaurant des Weingutes reserviert. Ja, wir haben es uns wirklich gut gehen lassen! Und sowohl die Kellnerin als auch das Essen waren fantastisch - wirklich das beste Essen, das ich auf der bisherigen Reise gegessen hatte. Wir blieben spontan eine weitere Nacht und genossen die Zeit am Pool, vertieft in unsere Bücher oder mit Yoga - die Sprünge in den Pool haben auch mein Herz immer wieder hüpfen lassen.

Zweifeln ist menschlich

Da wir schon bald unsere Fähre von Civitavecchia nach Barcelona nehmen würden, machten wir uns auf den Weg weiter Richtung Süden. Nach einem Stopp an einem Angelsee in der Nähe von Pisa erlebten wir unseren ersten Scam-Vorfall.

Stell dir vor, du bist auf einer Landstraße unterwegs und plötzlich hörst du direkt an deinem Auto einen lauten Knall. Es wird sich mit dem eigenen Wagen an den Straßenrand gestellt und gewartet, bis ein Auto mit ausländischem Kennzeichen vorbei fährt, dann werfen diese Menschen irgendetwas Beliebiges gegen dein Auto und verfolgen dich. Wenn du nach dem Knall anhältst, klagen sie dich an, ihren Spiegel beim Vorbeifahren beschädigt zu haben. Wenn du nicht anhältst, entsteht auch gerne mal eine Verfolgungsjagd oder ein Ausbrems-Manöver. In unserem Fall reagierte ich zum Glück richtig, indem ich Vollgas gab, da ich schon vor der Einreise nach Italien von dieser Art des Betruges gehört hatte. Die Betrüger verfolgten uns für eine Weile (im Rückspiegel sah ich sie wild gestikulieren), als sie jedoch erkannten, dass ich nicht anhalten würde, nahmen sie die nächste Ausfahrt und verschwanden.

Allein die Erinnerung an dieses Erlebnis löst in mir sofort wieder ein beklemmendes Gefühl aus. Ich zweifle an dem Guten im Menschen, wenn so etwas geschieht. Leider ist diese Scam-Masche gang und gäbe.

Wir mussten das erst einmal verdauen und fragen uns immer wieder, was diese Menschen wohl auf solche Ideen bringen würde. Trauriger ist es jedoch, dass sie damit wirklich Menschenleben riskieren, indem sie in den Straßenverkehr eingreifen. Viele fallen darauf herein. Die Polizei warnt inzwischen eindringlich vor Scam, allerdings bleiben viele Touristen unwissend oder sind in der Situation selbst verständlicherweise vollkommen überfordert.

Wenn die Betrüger einen dazu bekommen, anzuhalten, rät die Polizei dringend dazu, im verschlossenen Auto sitzen zu bleiben und umgehend die 112 zu wählen. Meistens führt allein das schon dazu, dass diese Leute sich aus dem Staub machen. Allerdings bleibt einem im schlimmsten Fall ein tiefer Kratzer oder eine Beule im Auto als teure Erinnerung.

Salzwasser und Kaffee

Durch diese beiden Geschmäcker war meine Zeit mit Marc für mich vor allem geprägt. Wir haben einfach genossen. So gingen wir wirklich häufig gemeinsam mit Azura schwimmen (was bei allen Zuschauern immer wieder zur Belustigung beitrug, da Azura wirklich weit mit uns raus geschwommen ist) oder erkundeten die Gassen von süßen Dörfern, wo wir uns immer wieder einen Kaffee schmecken ließen und erfreuten uns währenddessen an den Menschen sowie der Atmosphäre des jeweiligen Ortes.

Die Zeit bleibt mir als eine in Erinnerung, während derer ich meistens barfuß unterwegs war und oft aufs Meer oder in den Sternenhimmel blickte. All diese schönen Momente mit diesem besonderen Menschen teilen zu dürfen, war für mich ein großes Geschenk. Wir lebten wirklich im Moment und ließen alles einfach auf uns zu treiben, statt das große Abenteuer zu suchen. Zwischen der Jagd auf riesige Spinnen und einem verpassten Bus verbrachten wir unsere Zeit oftmals mit Acroyoga oder im besagten Pool.

Die Begegnungen mit den Menschen waren immer wieder besonders und in den meisten Fällen wirklich sehr positiv. Alle Gastgeber waren bemüht uns eine schöne Zeit auf ihrem Anwesen zu bescheren - dafür waren und sind wir sehr dankbar!

Nahe Manciano verbrachten wir vor unserem Aufbruch zur Fähre die Nacht in einer Unterkunft mit eigenem Zimmer sowie einem Bad - wenn man die meiste Zeit im Van unterwegs ist, ist so eine Dusche ein wahrer Luxus. Und auch, wenn mir im Bulli selten etwas fehlt und ich diese Art des Reisens unglaublich liebe, genieße ich jedes Bett mit normalen Dimensionen und Federkern immer wieder sehr! Unser Bett im Bulli misst nur 120 Zentimeter Breite und inklusive Hund kann es da schon mal richtig eng werden. Trotzdem ist es für mich immer noch die Gemütlichkeit pur, wenn man so aneinander gekuschelt einschlafen kann - irre Hitze hin oder her.

Ein "Wiederfühlen" mit Seekrankheit?

Am 18. Juli räumten wir schließlich unser Zimmer und machten uns auf den Weg in den Hafen von Civitavecchia. Vor Abfahrt verbrachten wir bei 40 °C noch die letzten Stunden in der Stadt - bei solchen Temperaturen ist ein Eis zu essen wirklich Stress, sage ich dir. Man möchte am liebsten nichts mehr tun, vor allem ist jede Sekunde in der prallen Sonne eine kleine Folter.

Auf der Fähre angekommen, bezogen wir auf Deck acht unsere Kabine. Aufgrund von Azura hatten wir ein Vier-Personen-Zimmer für uns - inklusive Bad und Dusche! Wir fühlten uns wohl und warfen kurz vor Abfahrt jeder eine Tablette gegen Seekrankheit ein, da wir beide bereits schlechte Erfahrungen gemacht hatten und die über 20-stündige Fahrt ungern über der Toilettenschüssel verbringen wollten.

Azura verhielt sich wirklich lobenswert auf dem Schiff. Sie nutzte für ihre Geschäfte die dafür vorgesehenen Plätze und wurde nicht seekrank. Auch wir blieben dieses Mal zum Glück davon verschont. Mich begleitete von Zeit zu Zeit ein mulmiges Gefühl, jedoch blieben starke Übelkeit und Schwindel aus. Nachdem die Nacht sogar ziemlich erholsam war, gönnte ich mir auf dem Schiff noch eine Pediküre. Die Dame, die sich um meine Füße kümmerte, war ein wahrer Goldschatz! Ich fühlte mich sehr wohl und wir tauschen uns während der Anwendung über tiefsinnige Themen wie die eigene Weltanschauung und Erfahrungen mit Mitmenschen aus. Ich ging also nicht nur mit schönen Füßen, sondern auch mit einem vollen Herzen und ein wenig mehr Glauben an das Gute im Menschen vom Schiff.

Abschied nehmen nervt!

Nach unserer Rückkehr nach Barcelona blieben Marc und mir noch zwei gemeinsame Tage. Auch diese nutzen wir wieder für Kaffee und einen Besuch am Meer. Je näher der Abschied rückte, desto mehr Schwere fühlte ich auf meiner Brust. Ein Monat kann so unglaublich kurz sein. Die Zeit war verflogen und eigentlich hatten wir beide Lust, einfach weiter zu reisen. Aber das Leben spielt nun einmal, wie das Leben eben spielt. Deshalb hieß es am 21. Juli: "Tschüss und bis bald". Tatsächlich wissen wir noch nicht, wann wir uns das nächste Mal wiedersehen - das wird ganz davon abhängen, wann es mich zurück nach Deutschland ziehen wird. Schließlich habe ich noch zwei Monate übrig und für diese keinen Plan, der in Stein gemeißelt ist.

19. Bonjour, Bonjour!

Wow, wir schreiben den 24. Juli und es liegen nur noch zwei Monate Sabbatical vor mir. Für mich ist das wirklich unfassbar, denn der Juli ist nur so verflogen. Das lag mit Sicherheit daran, dass ich diesen mit Marc verbracht habe und mich schon so lange auf ihn gefreut hatte.

Nachdem ich ihn am Flughafen abgesetzt hatte, machte ich mich auf den Weg, um Joss einzusammeln. Ich glaube, wir haben uns beide sehr über das Wiedersehen gefreut. Und auch, wenn mir nach dem Abschied am Flughafen eher nach Verkriechen war, freute ich mich über die Gespräche mit ihm. Schließlich hatten wir den vergangenen Monat viel erlebt und darum tauschten wir uns den Rest des Tages über all das im Detail aus. Ein Punkt, an dem ich erneut erkannte, wie schön es ist, dass eine Trennung nicht immer Krieg bedeuten muss und die Freundschaft, die es auch davor schon gab, weiterhin Bestand haben kann.

Joss und ich verbrachten die ersten zwei Nächte an einem sehr ruhigen Stellplatz mit viel Schatten nähe Navàs, welchen Marc und ich bei der Hitze bereits sehr geschätzt hatten, nachdem wir zu Beginn der gemeinsamen Zeit Barcelona den Rücken kehrten.

Und was passierte dann? Mich hat es erwischt! Schon am Tag des Abschieds nervten mich leichte Halsschmerzen. Als ich allerdings am kommenden Morgen aufwachte, begrüßte mich mein Körper zusätzlich mit Übelkeit und Schwindel. Das hatte ich sehr lange nicht mehr und ich hasse das Kranksein wirklich sehr. Aber wer mag das schon? Die einzige Devise ist dann: Ruhe. Und so verbrachte ich einen kompletten Tag halbwegs im Bett und mit den Füßen im kalten Fluss direkt an unserem Stellplatz. Joss und ich beobachteten die Flusskrebse direkt zu unseren Füßen und konnten manches Mal sogar einen Reiher beobachten. Es ist nur hinderlich, wenn weiterhin weit über 30 °C herrschen und man eigentlich nur schlafen möchte, um sich auszukurieren. Trotzdem tat mir allein die Ruhe inmitten der Natur gut. Es heißt schließlich nicht ohne Grund, dass wir in solch einer Umgebung auch wesentlich schneller genesen!

Innerhalb der nächsten Tage bemerkte ich, dass ich mir nicht nur etwas eingefangen hatte, sondern vor allem auf die Hitze reagierte. Meinem Körper war das alles einfach zu viel. Dabei konzentrierte ich mich schon darauf, möglichst viel im Schatten zu sein und selbstverständlich auch viel zu trinken. Besonders letzteres fällt mir leider immer sehr schwer.

Schon auf dem Weg nach Carcassonne versagte meine Energie nach einigen Stunden Fahrt. Ich musste mir eingestehen, dass ich noch immer nicht fit war. Joss und ich entschieden uns also, auf halbem Weg in der Nähe von Salses-le-Château im Park "Aire de communale" für die Nacht zu halten. Schnell stellte sich heraus, dass wir damit goldrichtig entschieden hatten! Der Parkplatz lag sehr ruhig zwischen Pinien, wir befanden uns am Ufer einer großen Bucht, fünf Kilometer breit und so lang, dass wir die Nordseite beinahe nicht mehr sehen konnten. Wir waren umgeben vom Geruch des Meeres, Wasservögel flogen über unseren Köpfen umher; wir teilten diesen Ort mit einigen wenigen Anglern und sonst keiner Menschenseele. Von der gegenüberliegenden Seite der Bucht, nach Westen, funkelten uns einige wenige Lichter entgegen und die einzigen

Geräusche waren die des Windes in den Bäumen. Mir tat es so gut, wieder von Wasser (Salzwasser, kein Süßwasser in Fluss oder Teich) umgeben zu sein, dass ich es mir nicht nehmen lassen konnte, am Abend zwischen den Bäumen Yoga zu üben, um meinem Körper weiterhin einen Ausgleich zwischen Auto fahren und Kränkeln zu bieten. Es tat mir so gut!

Am Abend genossen wir den Sternenhimmel und vorab einen Sonnenuntergang, der uns inklusive über uns hinweg fliegender Flamingos einen unvergesslichen Anblick bot. Da es mir inzwischen schon wesentlich besser ging, beschlossen wir, die kühle Tageszeit zu nutzen und am folgenden Morgen bereits um 7 Uhr aufzubrechen.

In Carcassonne angekommen, besichtigten wir die wirklich schöne Burg und ich nahm den Aufenthalt in einer größeren Stadt erneut zum Anlass, an einer Yogaklasse teilzunehmen. Das französische Studio war schön eingerichtet und obwohl die Lehrerin noch wesentlich weniger Englisch sprach als bei meiner letzten Klasse in Spanien, fühlte ich mich hier sofort wohl. Sie war so bemüht und die Sprachbarriere machte das Üben zu einer noch schöneren Erfahrung - schlussendlich durfte ich vor Ort sogar duschen und verließ beseelt das Studio!

20. Von Abschied und Neubeginn

Wir befanden uns inzwischen in Montagnac. Unser Bulli war so freundlich uns darauf hinzuweisen, dass ein Ölwechsel notwendig ist und ich bin mal wieder sehr dankbar gewesen, Joss mit seinen hervorragenden Französischkenntnissen an meiner Seite zu wissen.

Doch während Joss am Abend an einer Weinprobe auf dem Gut teilnahm, auf dem wir unseren Stellplatz für die Nacht hergerichtet hatten, regte sich in mir plötzlich der Wunsch, meinen Chef darüber zu informieren, dass ich nach dem Sabbatical natürlich in meinen Job zurückkehren würde, jedoch inzwischen davon überzeugt wäre, dass ich dies nicht für lange tun würde.

Es stehen gerade so viele wichtige Entscheidungen für mich an. Deshalb wollte ich anfangen, endlich welche zu treffen. Für mich war das alles andere als leicht, da ich mich schon immer sehr gut mit meinem Chef verstand und ihn nicht im "Stich" lassen wollte. Jedoch habe ich inzwischen erkannt, dass - so gerne ich auch viel in meinen Job investiert habe - es mich in Zukunft ganz einfach woanders hinziehen wird. Zehn Jahre lang habe ich viel Engagement und Zeit in meine Aufgaben gesteckt, habe diesen Job so sehr geliebt, doch schon weit vor meiner Auszeit war mir bewusst, dass ich nicht ewig im Schichtdienst arbeiten kann und möchte. Diese Monate der Bedenkzeit haben mich nur noch mehr darin bestärkt, dass jetzt der ideale Zeitpunkt ist, um den "Absprung" zu schaffen. Schließlich fügt sich gerade mein gesamtes Leben neu. Und ich habe die "Macht", alles nach meinen Wünschen zu gestalten.

Trotz der Tatsache, dass ich damit gerechnet hatte, mein Chef würde mit viel Verständnis reagieren, erleichterte es mich, als es dann auch genau so kam. Schon immer hatte ich riesige Probleme damit, Menschen womöglich zu enttäuschen. Dabei ist das manchmal und vor allem dann, wenn man Entscheidungen ganz allein für sich zu treffen hat, gar nicht vermeidbar.

Im Endeffekt wenden wir fortwährend viel zu viel Zeit und Energie dafür auf, uns darüber den Kopf zu zerbrechen, was andere wohl über uns denken. Doch am Ende sollten wir jede Entscheidung in **unserem** Sinne treffen. Ganz egal, was andere davon halten mögen. Schlussendlich musst du doch selbst mit den Konsequenzen leben und dabei werden dich die "anderen" dann doch auch nicht unterstützen, oder? Im Nachgang wird keiner ankommen und sagen "Oh! Ich hätte gedacht, dass es anders ausgeht. Tut mir wirklich leid, dass ich dich mit meiner Meinung so in deiner Entscheidung beeinflusst habe. Wie kann ich dir helfen?" Jeder meint es immer besser zu wissen. Und ich sage nicht, dass es nicht wertvoll ist, sich einen Rat oder die Meinung von Menschen einzuholen, denen du am Herzen liegst - genau diese können Gold wert sein! Aber sobald du bemerkst, dass jemand von außen nur aus der **eigenen** Überzeugung heraus und eben nicht in deinem Sinne seinen Senf zu etwas beisteuert, sei vorsichtig, wie viel Gewicht du diesem geben möchtest.

Während der Reise habe ich immer wieder die Erfahrung gemacht, dass selbst mir nahestehende Menschen der Meinung waren, es besser zu wissen. Besser zu wissen, was in Zukunft das Richtige für mich sei. Allerdings nur mit Blick auf ihre eigenen Überzeugungen. In solchen Momenten suchte ich oftmals den Rat meines Dads. Der denkt auch manchmal, dass er alles weiß ;-), aber in unseren Gesprächen kommen wir immer wieder an den Punkt zurück, an dem er mir nachdrücklich mit auf den Weg gibt, wie wichtig es sei, dass ich eine Entscheidung aus meiner eigenen Überzeugung heraus treffe und auf mein Herz höre, statt mich von außen beeinflussen zu lassen. Danke dafür, Dad!

Um zurück zum Ausgangspunkt zu gelangen: Nun hatte ich meinen Chef in Kenntnis gesetzt und damit eine wirklich wichtige erste Entscheidung getroffen, allerdings ploppten damit gleich mehrere neue Fragen in meinem Kopf auf, die es nun galt, Stück für Stück zu klären...

Am Tag darauf ließen wir den Ölwechsel machen und waren überglücklich, dass die Werkstatt uns einen fairen Preis nannte. Damit darf man im Ausland leider nicht immer rechnen. Jedoch waren hier alle unglaublich bemüht und führten den Wechsel sogar tagesgleich durch - wir waren begeistert! Und nun mal wieder eine kleine Szene zur bildhaften Darstellung in deinem Kopf: während der Bulli in der Werkstatt war, mussten wir die Zeit irgendwie überbrücken. Wir gingen also Wäsche waschen - natürlich. Und im Nachgang nahmen wir ein Plätzchen auf dem Mittelstreifen einer befahrenen Allee ein. Ja, wirklich! Und da die Wäsche trocknen musste, spannte Joss eine Wäscheleine zwischen zwei Bäumen. Da lagen wir nun auf unseren Matten im Rasen und lasen.
Ein Bild für die Götter - du hättest teilweise die Blicke der vorbeifahrenden Autofahrer sehen müssen. Aber was soll's, wir waren sehr dankbar für den Schatten der Bäume und es gab weit und breit keine bessere Option. Auch in dieser Situation handelten wir getreu dem Motto: Was kümmert mich, was andere denken? Insbesondere dann, wenn ich niemandem Schaden zufüge und sowieso nie wieder über den Weg laufen werde!

Italien, wir kommen!

Da Joss am 1. August einen Bus von Genua nehmen wollte, machten wir uns am 27. Juli weiter auf den Weg Richtung Italien. Dieses Mal wollte ich auf dem Weg unbedingt die Verdonschlucht besuchen. Dabei handelt es sich um den "Grand Canyon du Verdon", welche eine Schlucht in der französischen Provence mit einer Tiefe von bis zu 700 Metern ist, durch welche der Fluss Verdon fließt - dieser wird uns durch seine hellblaue Farbe besonders in Erinnerung bleiben.

Vor Ort fand ich durch Zufall einen schönen, etwas abseits gelegenen Stellplatz mitten im Wald an einem Bach unweit des Sees. Dafür mussten wir zwar über einen Bach hinweg fahren und hatten Glück noch ein Plätzchen zu finden, da die Gegend in Bezug auf mögliche Stellplätze für die Nacht schon sehr gut ausgelastet war. In solchen Momenten feiert man sich selbst schon ein wenig, denn einen besonders schönen Platz für die Nacht zu finden, ist schließlich nicht immer einfach. Besonders nicht in sehr touristischen Gegenden. Wir schlugen unser Lager auf und schmissen uns noch am selben Abend in den See - herrlich!

Nachdem wir am Morgen darauf erneut baden waren, beschlossen wir, die Schlucht auch noch einmal von oben zu bestaunen. Der Ausblick ist fantastisch und der Aufwand ist es allemal wert!

Im Anschluss setzten wir unseren Weg nach Rousset fort. Dort landeten wir an einem weiteren wunderschönen Stellplatz direkt am Lac de Serre-Poncon in der Region "Provence-Alpes-Côte d'Azur" - diese Region ist wunderschön und ich werde im Laufe der Reise wohl noch einmal hierher zurückkehren. Ich nutzte hier am Folgetag die Möglichkeit, alleine SUP fahren zu gehen, während Joss ein Auge auf Azura hatte. Diese Zeit ganz allein für mich auf dem weiten See wird mir besonders eindrucksvoll im Kopf bleiben. Mit Blick auf die Berge ist die Zeit auf dem Board nur so verflogen. Und ich war ziemlich stolz, nicht einmal einen Abflug ins Wasser gemacht zu haben! Dabei bemerkte ich auch an diesem Tag wieder, dass der Respekt vor tiefen Gewässern bei mir besonders ausgeprägt ist. Da war die Ablenkung in Form der Kulisse um mich herum genau das Richtige!

Am 29. August verließen wir über die Alpen der Provence schließlich Frankreich und kamen gegen 19 Uhr im Agricamp unserer Wahl nähe Genua an. Dort machten wir eine sehr nette Bekanntschaft mit einem Leon aus Berlin und quatschten noch bis spät abends. In der Nacht war an Schlaf dank Mücken und Hitze kaum zu denken. Das Camp lag an einem Berghang, der nach Südosten ausgerichtet und somit bestimmt acht Stunden der Sonne ausgeliefert war. Natürlich macht sich so ein

Platz ganz hervorragend für das Laden unseres Solarmoduls, welches uns seit dem Augenblick, in dem wir endlich täglich mit Sonnenschein rechnen konnten, wunderbare Dienste leistete! So waren wir nicht darauf angewiesen, in einem Café nur deshalb extra viel Zeit zu verbringen, um das Handy oder eine Powerbank aufzuladen. Als wir hier allerdings der Tatsache ins Auge sahen, dass wir keine Möglichkeit hatten, uns vor Ort in direkter Nähe vom Bulli in den Schatten zu retten, beschlossen wir gleich am Morgen, nicht so wie zunächst geplant eine weitere Nacht zu bleiben, sondern am Mittag aufzubrechen und ein schattiges Plätzchen zu finden.

Auf diesem Bild ist es mir möglich, ein paar mehr Details von unserem Zuhause auf Rädern zu zeigen. Auf dem Dach siehst du unsere Gepäck-tasche, in der wir unser Wanderequipment sowie Dinge, die nicht unbedingt täglich gebraucht werden, aufbewahren. Ganz links steht die graue Küchenbox, die ich dir bereits beschrieben hatte. Die beiden durchsichtigen Boxen stellen unser Lebensmittellager (einmal frisch, einmal Konserven und Trockenes) dar. So sah dann also immer unser Setup aus: Möglichst praktisch und gemütlich!

Vor unserer Stellplatzsuche und nach unserer Flucht aus der "Bruzel-hölle" gönnten wir drei uns allerdings erst einmal eine sehr verdiente Ab-kühlung im Meer. Diese hielt bei Temperaturen weit über 30 °C allerdings nur wenige Minuten an und Übelkeit sowie Kopfschmerzen meldeten sich immer wieder bei mir zurück. Nachdem wir uns zunächst noch in ein Restaurant schleppten, um etwas zu Mittag zu essen, gaben wir den Kampf gegen die Hitze wenig später allerdings auf. Wir wollten so schnell wie möglich in den Schatten finden. Schlussendlich entschieden wir uns für einen Waldparkplatz, den ich dank einer App unweit von Genua gefunden hatte. Dieser stellte sich als wahres Paradies heraus: sehr viel Schatten dank alter Eichen mit besonders breiten Kronen, Ruhe und sogar ein Brunnen mit Trinkwasser - Jackpot.

Wir verbrachten den Rest des Tages im angrenzenden Waldstück und taten einfach nichts mehr. Am nächsten Morgen beschlossen wir, eine weitere Nacht zu bleiben, da ich Joss von hier aus innerhalb kürzester Zeit zum Bahnhof bringen könnte. Auch diesen Tag verbrachten wir zu einem Großteil damit, nichts zu tun. Einzig für eine Runde Yoga im Schatten der Bäume konnte ich mich aufraffen. Und dank der Ruhe blieben Übelkeit und Kopfschmerzen aus. Stattdessen konnten wir unseren letzten gemeinsamen Abend der Reise genießen. Bevor ich uns Pasta kochte und wir dazu Wein genossen, nahmen wir ein letztes Video als Resümee unserer gemeinsamen Reise auf. Dies hatten wir zuvor bereits zweimal getan - einmal zu Beginn der Reise und einmal vor dem Zeit-raum, den wir getrennt voneinander unterwegs gewesen waren. Sie dienen dem Zweck, uns eine bessere Erinnerung an das Geschehene, unsere Gefühle sowie innere/äußere Veränderungen festzuhalten! Im Anschluss schauten wir noch einen Film. Ein schöner Abschluss.

Von einem weiteren Abschied und dem Alleinsein

Am 1. August um 8 Uhr war es dann so weit: Joss und ich sagten uns am Bahnhof von Genua auf Wiedersehen. Auf unbestimmte Zeit. Das erste Mal nach beinahe 13 Jahren Seite an Seite. Wir hatten unsere Be-ziehung vor neun Monaten beendet, unsere gemeinsame Wohnung vor vier Monaten gekündigt und nun war der letzte Tag unseres gemeinsamen Sabbaticals gekommen. Von nun an gehen wir getrennte Wege. Ein sehr eigenartiges Gefühl, das mich zunächst mit einer Leere zurückließ. Der Abschied war emotional und trotzdem wussten wir, dass wir - in welcher Weise auch immer - in Kontakt bleiben würden.

Es ist schon komisch, erst über ein halbes Jahr nach unserer Trennung nun auch getrennte Wege zu gehen. Inzwischen schreiben wir den 3. August und ich bin noch dabei, das alles zu verdauen und anzunehmen. Erst heute haben Joss und ich telefoniert und es gab mir ein gutes Gefühl wieder mit ihm zu sprechen und zu wissen, dass es ihm gut geht. Die Zeit wird zeigen, was all das mit uns macht. Wir beide sind mehr als dankbar, nicht nur für die nun vergangene gemeinsame Reise, sondern auch für die hinter uns liegenden Jahre, in denen wir miteinander gewachsen sind, so viel erlebt haben und nun trotz Trennung mit einem guten Gefühl auf all das zurückblicken können.

Für uns beide ist es nun Zeit, die Segel neu zu setzen und ein neues Kapitel zu beginnen. Das Leben ist Veränderung, sagte mir mal jemand. Und das stimmt. Mein Leben lang habe ich mich allerdings schwergetan, Veränderungen anzunehmen - vor allem dann, wenn ich keine Kontrolle über sie hatte. Inzwischen hat in mir ein Wandel stattgefunden. Veränderung ist gut. Sie bedeutet Entwicklung. Auch, wenn ich in meinem Leben weiterhin nach Stabilität streben werde, bin ich nun bereit für etwas Neues. Das vergangene Kapitel - vor allem mit Joss - wird nicht versiegelt und begraben. Nein, ich trage es weiterhin in meinem Herzen. Weil ich nichts bereue und **so stolz** auf uns beide und die gemeinsame Entwicklung bin! Weil alles seinen Grund hatte. Wir sind gemeinsam gewachsen. Ich verbleibe in Dankbarkeit und möchte auch hier diesen Dank an Joss richten: ich danke dir von Herzen für unsere Zeit! Für all die schönen Momente, Gefühle, das Glück und die Erinnerungen. Eine Verbindung, die über eine Freundschaft Bestand hat; das wünsche ich uns.

Und nun sitze ich hier allein am Gardasee. Habe die Gelegenheit genutzt und meine liebe Freundin Nicole in ihrem Urlaub hier abgefangen - Freiheit so nutzen zu können ist unbezahlbar. Das Wiedersehen nach Monaten sowie die Gespräche, die wir nach über zehn Jahren Freundschaft führen, haben mir wirklich gutgetan. Schade, dass wir es nur geschafft haben uns für einen Tag zu verabreden, aber auch diese kurze Zeit mit ihr hat mir so viel gegeben und mir einen Marmeladenglasmoment geschenkt! So spontan handeln zu können wird mir in Zukunft definitiv fehlen.

Die Gegend hier rund um den See ist mir eindeutig viel zu touristisch. Nichtsdestotrotz hatte ich das Glück, einen Stellplatz in schöner Lage mit noch schönerem Blick auf den Gardasee zu bekommen. Besonders genossen habe ich einen Besuch des Restaurants hier auf dem Campingplatz mit ebenso herrlicher Aussicht. Diesen kleinen Abstecher hierher empfinde ich als schönen Start in die paar Tage, welche ich nun erst einmal allein unterwegs sein werde. Dass Nicole genau in diesem Augenblick hier ist, empfand ich als Wink des Schicksals, und es zeigte mir, dass es die richtige Entscheidung war, hierherzukommen. Und auf dem Weg zurück in Richtung Genua habe ich mir fest vorgenommen, noch weitere Städte sowie die Natur ganz allein zu entdecken!

Und jetzt, was folgt? Ich weiß es nicht. Es bleibt spannend in meinem Leben, in diesem Buch - vielleicht auch für dich, die/der mich auf diesem Weg begleitet. An diesem Punkt in meinem Leben bin ich bereit, mich in die Wellen zu stürzen - auch, wenn die "scheiß Angst" im Hinterkopf ein Tänzchen aufs Parkett legt - und den Wind zu spüren. Denn nur dann kann ich darauf vertrauen, dass ich die Segel mit dem nötigen Mut und Vertrauen in mich selbst setzen werde.

Leben ist jetzt. Und wo etwas endet, dort beginnt auch etwas Neues!

21. Der Startschuss für den Neuanfang – von Euphorie und Angst

Ich hatte gestern mein erstes Tarot-Reading. Ich würde mich nicht als sonderlich spirituell beschreiben, dennoch habe ich gelegentlich Interesse, auch in diesem Bereich "offen für Neues" zu sein. Im Endeffekt habe ich mich dafür entschieden, weil mein Leben gerade eine so starke Wendung hinlegt, dass mir etwas schwindlig ist - im übertragenen Sinne.

Beim Tarot handelt es sich um einen Satz von 78 Spielkarten, der zu psychologischen Zwecken (als Spiegel innerer und äußerer Prozesse) oder als Wahrsagekarten verwendet wird. Man kann sich diese Karten selbst legen oder legen lassen - letzteres habe ich gemacht. Das Reading fand - ganz modern - über WhatsApp (Sprachnachrichten) statt. Das wiederum empfand ich als sehr angenehm, weil ich mir so selbst genügend Zeit geben konnte, um auf etwas zu reagieren, statt von Angesicht zu Angesicht unter Druck zu stehen und das Gefühl zu haben, sofort eine Regung zeigen zu "müssen". Die Leserin zog also vier Tarot-Karten für mich und begann, diese zu deuten. Es mag jetzt erst einmal ziemlich übersinnlich klingen, aber ich empfand es eher als ein angenehmes Gespräch mit einer guten Freundin über mich und mein Leben. Ich wurde in meinem Tun bestärkt und aufgefordert, weiterhin Vertrauen zu haben. Denn auch, wenn Ideen nach hinten losgehen, geht man immer mit mehr aus der Situation raus, als man hineingegangen ist - schließlich ist man um eine Erfahrung reicher!

Ich würde nicht sagen, dass dieses Reading mein Leben verändert, aber ich möchte mich von diesem ganz einfach positiv beeinflussen und leiten lassen. Vor allem hat es mich ein weiteres Mal aufmerksam dafür gemacht, wie richtig es ist, auf sein Bauchgefühl zu hören und sich auch einmal zu trauen - so wie ich derzeit - eine komplett neue Lebensrichtung einzuschlagen.

Und damit wären wir auch schon beim Thema: Ich habe vor wenigen Tagen den Mietvertrag für meine Wohnung unterschrieben - von Italien aus für meine neuen vier Wände in Dortmund. Innerhalb von drei Tagen stand meine Welt Kopf. Dabei wollte ich zunächst "einfach nur mal schauen" und hatte einen Tag später die Bestätigung für einen Besichtigungstermin. Vom Bodensee aus konnte ich diesen natürlich nicht wahrnehmen und so war Marc so lieb und hat das für mich übernommen. Dabei stellte sich heraus, dass die Wohnung echt süß ist und während der Besichtigung konnte der Vermieter mich per Video-Call auch gleich kennenlernen. Etwas surreal das Ganze, aber im Endeffekt hat es funktioniert: ich unterschrieb noch am Abend den Vertrag. Nach weiteren zwei Tagen und etwas Hoffen habe ich dann endlich die Bestätigung erhalten, dass nun alles in trockenen Tüchern wäre - zum 1. September hätte ich eine neue Wohnung.

Wer den Wohnungsmarkt in Großstädten kennt, wird ebenso überrascht gewesen sein, wie ich es war. Denn es war wirklich die **erste** Wohnung, die ich angefragt hatte. Und die ist es schlussendlich geworden. Du kannst dir gar nicht vorstellen, wie dankbar ich bin! Immerhin weiß ich, wie schwer es ist, eine schöne Wohnung zum gewünschten Zeitpunkt zu finden. Daher konnte ich mein Glück selbst erst einmal kaum fassen.

Am Tag selbst war ich euphoriegeladen und musste die Neuigkeit direkt mit all meinen Liebsten teilen. Doch spät am Abend stellte sich plötzlich ein anderes Gefühl ein: Angst. Angst, dass das vielleicht doch nicht die richtige Entscheidung sein würde, ich so weit von meinem geliebten Meer niemals glücklich werden könnte oder schlichtweg keinen Job finden würde, der mich erfüllt. Mit Kloß im Hals saß ich in meinem Van und telefonierte mit Marc. Der bemerkte meinen Stimmungsumschwung natürlich sofort. Ich konnte gar nicht erklären woher dieser plötzlich rührte - schließlich waren mir meine Zweifel auch schon im Voraus bewusst gewesen. Aber jetzt, wo es so real wurde, schrien sich mich quasi an.

Ich nahm mir also erst einmal ein bisschen Zeit, um all das zu reflektieren. Und schnell kam ich zurück zu der Erkenntnis, die sich mir schon so oft in den letzten Monaten gezeigt hat: wenn es nicht funktioniert, dann kannst du immer noch einen anderen Weg einschlagen! Nichts ist in Stein gemeißelt. Du erinnerst dich: Das Leben ist Veränderung.

Und deshalb bin ich nun einfach dankbar für diese Entwicklung. Vor allem aber für die Möglichkeit, bereits während meiner Auszeit all meine Sachen nach Dortmund schaffen zu können und dies nicht regeln zu müssen, während ich zurück im Arbeitsalltag bin. Fest stand nämlich von vornherein, dass ich so oder so erst einmal in meinen Job zurückkehren würde - direkt die Kündigung auf den Tisch zu legen kam für mich schließlich nie in Frage. Für eine Unterkunft in Hamburg habe ich zum Glück tolle Menschen in meinem Leben, die mir ihr Gästezimmer anbieten. Also ist doch an dieser Stelle erst einmal alles fein, oder?

Ja und nein

Alles im Leben hat zwei Seiten. Und meine Zweifel und Unsicherheiten bleiben ein Teil von mir. Das ist meiner Meinung auch überhaupt nichts Schlechtes! Schließlich leiten auch sie mich auf meinem Weg in die Richtung, die mir selbst guttut. Ich darf nur niemals vergessen, mir immer auch die andere Seite anzuschauen. Jetzt gerade sehe ich sie ziemlich deutlich: Auf der einen Seite ist da der Respekt vor dem größten Neuanfang meines Lebens. In einer beinahe fremden Stadt, neuem Job und allem, was dazu gehört, werde ich weit über 300 Kilometer von meiner Familie und Freunden entfernt sein. Und auf der anderen Seite denke ich mir: Das wird spannend!

Ich freue mich auf die Herausforderung. Ich sehe, dass ich nach über anderthalb Jahren endlich einen Alltag mit meinem Freund teilen und mich ebenso weiterentwickeln darf! Das ist ein riesiges Privileg, wie ich finde und das habe ich mir selbst ermöglicht. Und nur, weil ich weit weg bin, bin ich doch nicht aus der Welt! Ich ahne, dass ich Freude daran haben werde, aus dem Alltag in Dortmund rauszukommen, um ganz besondere und exklusive Zeit mit meinen Liebsten in Hamburg verbringen zu dürfen. Jedes Treffen wird etwas Besonderes sein, weil man sich eben nicht mal eben sehen kann und es dadurch wesentlich intensiver zelebrieren wird. Und auch die Erkenntnis, all das von verschiedenen Perspektiven aus zu betrachten, macht mich erneut dankbar. Ebenso nimmt es mir den Druck. Auch, wenn einige meiner Liebsten all das nicht so positiv betrachten können, bin ich mir sicher, dass auch sie auf dem einen oder anderen Weg wieder Gefallen an der neuen Situation finden werden. Bis dahin warten noch viele weitere und sehr wichtige Entscheidungen auf mich. Step by step. Alles zu seiner Zeit!

22. Verschwitzt und beschwipst

Wir schreiben den 13. August und ich sitze in einem Einkaufszentrum in Savona, Italien - hierher bin ich mit Azura vor der Hitze geflüchtet. Es herrschen mal wieder 32 °C, die sich wesentlich heißer anfühlen. Daher ist unser "Unterschlupf" hier gerade genau das Richtige.

Mich hat wieder die Lust am Schreiben gepackt. Dabei ging es mir gestern zunächst einmal gar nicht gut. Aber ich möchte lieber etwa eine Woche zurückspulen und dir zunächst von der Zeit mit meiner besten Freundin Laura berichten.

Mitte letzter Woche habe ich Laura am Flughafen von Genua abgeholt. Ich hatte mich schon lange darauf gefreut, dass wir etwas Zeit zu zweit in Italien verbringen. Wenn ich richtig rechne, sind wir bald 15 Jahre befreundet und wirklich durch dick und dünn gegangen.

Allerdings haben wir nie einen richtigen Urlaub nur zu zweit verbracht. Meist waren es Ausflüge in eine Stadt für eine Nacht oder ein Zeltausflug mit den jeweiligen Partnern. Dieses Mal würden nur wir beide ein Stück dieses Landes gemeinsam erkunden. Und da es für Laura das erste Mal Italien sein würde, hatte ich mir fest vorgenommen ihr alles zu zeigen, was mir bisher so gut gefallen hat.

Nachdem ich sie also in der Nacht vom Flughafen abgeholt hatte, fuhren wir zunächst etwas planlos in der Dunkelheit hoch in die Berge. Wir landeten aus der Not heraus auf einem Parkplatz, von dem aus wohl diverse Wanderungen starten. Da es stockfinster war, machten wir uns nur schnell fürs Bett fertig und mummelten uns ein. In der Nacht hörten wir um uns herum die Wölfe heulen - in mir machte sich ein Gefühl von Ehrfurcht breit und eine aufkommende Gänsehaut auf meinen Armen, während wir im Dunkeln dieser Geräuschkulisse lauschten, begleitete den Moment gebührend!

So ein spontan und im Dunkeln ausgewählter Platz ist immer ein kleines Überraschungspaket für den nächsten Morgen. In diesem Fall eines, welches uns nach dem Erwachen mit einem unbeschreiblichen Blick über die Berge begrüßte. Alles war satt grün und unser Stellplatz stellte sich damit als Glücksgriff heraus. Wir frühstückten bei der schönen Aussicht und machten uns auf den Weg Richtung Asti - dort würden wir die kommenden zwei Nächte verbringen.

Auf unserem Weg machten wir einen Abstecher in ein Outletcenter, tranken Kaffee und zelebrierten somit von Beginn an die gemeinsame Zeit. Was ich an all meinen Freunden so sehr schätze, ist, dass das Beisammensein immer so schön unkompliziert ist. Zu jeder Zeit kann ich einfach ich selbst sein. Es gibt keine Tabuthemen und im Falle von Laura und mir stimmt zusätzlich auch noch der "Flachwitz-Humor" überein.

Am Abend trafen wir auf dem Grundstück von Ale und Jean ein, die auf ihrem Anwesen mit einem Mehrgenerationen-Haus für eine heimelige Atmosphäre sorgten. Unter einer Kastanie bezogen wir auf der Wiese vor dem Haus und dem Pool unseren Platz und richteten uns ein - leider waren unsere neuen Nachbarn, sehr penetrante Bremsen, auch immer mit dabei. Während ich am Abend Yoga übte, stand für Laura noch ein Workout auf dem Plan. Danach sorgte ein Sprung in den Pool für einen guten Abschluss unseres ersten Tages.

Den Folgetag wollten wir in Turin verbringen. Durch Laura erfuhr ich, dass Turin früher einmal die Hauptstadt Italiens war. Heute trägt sie diesen Titel nur noch für die Region Piemont. Vor unserem Aufbruch stellte ich jedoch fest: hier fehlt etwas. Azuras großer schwarzer Trockenfutter-Behälter war wie vom Erdboden verschluckt. Ich hatte ihn am Abend zuvor vor dem Auto zusammen mit den Lebensmittelboxen stehen lassen. Oder auch nicht? Wir suchten wie wild, aber all die Sucherei hatte keinen Erfolg. Da ich ungern irgendjemanden aus dem Haus unserer wirklich freundlichen Gastgeber zu Unrecht beschuldigen wollte, beließen wir es erst einmal dabei und hofften auf ein wundersames Auftauchen der Box bei unserer Rückkehr.

In der Stadt parkten wir den Bulli direkt vor einem Einkaufszentrum mit viel Publikumsverkehr. Das gibt mir immer ein sicheres Gefühl, wenn ich den Wagen stehen lassen muss. Wir machten uns also zu Fuß auf den Weg in die Stadt. Als wir aus dem Zufall heraus an dem Lavazza Museum vorbei kamen, war ich Laura sehr dankbar, dass sie anbot, auf Azura aufzupassen, während ich mich ein wenig über meinen Lieblingskaffee berieseln lassen durfte. Mir war nicht bewusst, dass das Unternehmen in Turin sitzt! Für mich ist es beeindruckend, welche Geschichte hinter einem Produkt stecken kann - vor allem in Bezug auf die

Menschen, deren gesamtes Leben durch dieses geprägt wurde. Obwohl ich absolut keine Museumsgängerin bin, möchte ich diese Erfahrung nicht missen - am Ende gab es sogar den absolut perfekten Cappuccino als kleine Krönung des Ganzen.

Im Anschluss bestaunten wir die schönen Gebäude der Stadt - darunter Paläste und Kirchen. Mich sprechen immer die kleinen geschäftigen Gassen am meisten an. Das Flair, welches man dort aufnehmen kann, macht meiner Meinung nach erst den wahren Charakter einer Stadt aus. Und wo wir schon in einer Stadt mit so viel Auswahl unterwegs waren, war es natürlich auch an der Zeit für Lauras erste wahre italienische Pizza. Mitten in der Fußgängerzone ließen wir uns diese schmecken und probierten im Anschluss noch die städtische Spezialität "Bicern". Dabei handelt es sich um ein Getränk aus Espresso, Kakao und Vollmilch - hört sich unspektakulär an, aber uns schmeckte es sehr!

Nachdem wir wieder am Auto angelangt waren und wenig später losfuhren, musste ich nach kurzer Zeit rechts ran fahren. Irgendetwas stimmte auf dem Dach nicht. Dort befindet sich die Dachgepäcktasche. Ich klettere also sofort hoch und durfte dann feststellen, dass jemand zwei Gurte davon durchgeschnitten hat. Da sonst nichts weiter kaputt war, gelangten wir schnell zu der These, dass beim Anblick des Schlosses an der Tasche aufgegeben worden war. Trotzdem verpasste mir dieser Vorfall einen Dämpfer.

Es ist schon traurig genug, dass man sich überhaupt genau überlegen muss, wo man sein Auto während eines Ausfluges abstellt, aber wenn einem dann so etwas mitten an der Hauptstraße vor einem gut besuchten Restaurant und einem Supermarkt passiert, verliert man den Glauben - ich zumindest ein Stück weit. Nicht nur, dass es absolut daneben ist, fremdes Eigentum zu beschädigen oder zu entwenden, davon mal ganz abgesehen: was soll ich denn dort oben drin haben? Transportiert man in einer Dachtasche seit neuestem seine wertvollsten Gegenstände? Nun gut, was soll's. Es ist was es ist, nicht wahr? Um es positiv zu sehen, war ich froh, dass der Schwachkopf nur zwei von sechs Gurten durchgeschnitten hatte und ich der Tasche mit Hilfe von zwei Spanngurten schnell wieder den stabilen Sitz am Dachträger verleihen konnte. Dieses Erlebnis ist ein weiterer Grund, warum ich wesentlich lieber mitten in der Natur stehe ...

Ein "Must-Do" in Italien

Als wir von unserem Besuch der Stadt zurückkehrten, war die Futterbox übrigens noch immer verschwunden. Ich war mir sicher, dass ich sie am Vorabend noch gesehen hatte und so wollte ich unseren Gastgeber nun doch fragen, ob er sie eventuell gefunden hätte. Während wir uns auf der Terrasse unterhielten und er auch keine Idee hatte, wo die Box abgeblieben sein könnte, sah ich Laura plötzlich vom anderen Ende der Wiese aus die Futterbox triumphierend in den Händen halten. Zusammen mit dem Gastgeber ging ich zum Bulli und Laura erklärte, dass sie diese im Busch gefunden hatte. Anhand der Spuren an der Box wurde uns allen schnell klar: Emma, die Hündin der Familie, muss sich in der Nacht eine extra Mahlzeit gegönnt haben. Wir alle mussten lachen und so war das Rätsel geklärt. Als wir wieder zu zweit waren, sagte ich Laura, dass Emmas Magen mit Sicherheit alle Hände voll zu tun hätte - in der Futterbox waren nämlich an die zwei Kilogramm Futter gewesen. Na dann: Mahlzeit!

Am Folgetag sollte unsere Reise weitergehen. Wir packten alles zusammen und machten uns auf den Weg zu einem Weingut. Für mich war das letzte Winetasting in Italien eine besondere Erfahrung gewesen, deshalb wollte ich unbedingt, dass auch Laura diese während ihres Aufenthalts noch machen würde.

Am Nachmittag kamen wir inmitten einer malerischen Landschaft - zwischen Weinbergen und Sonnenblumenfeldern - auf dem Weingut an, wo uns auch direkt die zwei Hofhunde und wenig später die sehr freundliche Gastgeberin begrüßten. Wir richteten uns ein und gingen am Abend zum vorab gebuchten Tasting. Wie schon bei meinem vergangenen Besuch auf einem Weingut bemerkten sowohl Laura als auch ich die große Hingabe der Winzerin. Sie erzählte uns alles über den Prozess von der Arbeit direkt auf dem Feld bis zu dem Moment, in dem die Flasche ihren

Korken bekommt. Bei kleinen Häppchen durften wir dann gleich fünf Weine probieren. Und hier kam es sowohl für mich als auch für Laura zur großen Überraschung: uns schmeckten alle verkosteten Weine - dabei waren davon gleich vier Rotweine und von denen sind wir sonst eher keine Fans! Mal ehrlich: Wir waren beide absolut begeistert und schon bald ebenso beschwipst. Neben dem Genuss der Weine führten wir ein so schönes Gespräch mit der Winzerin, dass wir uns unglaublich wohl fühlten und im Anschluss mehr als glücklich zum Van torkelten. An diesem Abend nahm ich ein beseeltes Gefühl wahr, dass mir zeigte, wie Laura und ich durch diese Zeit und das viele Lachen ein weiteres Stück zusammengewachsen sind. Zum krönenden Abschluss des Tages bot sich uns dann noch der Anblick eines wunderschönen Sonnenuntergangs.

Wenn der Schweiß läuft ... und läuft.

Als es am nächsten Tag an der Zeit war Richtung Genua zu fahren, da es für Laura bald wieder nach Hause gehen würde, nutzen wir noch die Chance und machten ein schönes Erinnerungsbild für mich: Im Vordergrund ich auf dem Bullidach und im Hintergrund Sonnenblumen- und Weinfelder. Ein Bild, für welches ich Laura sehr dankbar bin, da es so schön darstellt, welches Freiheitsgefühl das Leben unterwegs für mich bedeutet.

Auf dem Weg zu unserem Stellplatz mitten in der Stadt Genua war unser Plan gewesen, einen Zwischenstopp am Hundestrand einzulegen. Leider fanden wir keinen Parkplatz und mussten deshalb weiterfahren.

Übrigens ist das ein Minuspunkt, den ich der Küste Italiens, welche ich kennenlernen durfte, leider geben muss: es ist auf der einen Seite wirklich schön, direkt am Meer unterwegs sein zu können, allerdings gibt es kaum Parkplätze an den Stränden. Vor allem an Hundestränden, die oftmals nicht in den kleinen Städten zu finden sind, wo wiederum mehr Chancen auf einen Parkplatz bestehen würden. Davon abgesehen möchte ich aber auch unbedingt auf einen riesigen Pluspunkt hinweisen: Italien ist wohl insgesamt das hundefreundlichste Land meiner Reise. Hier sind Hunde sogar in vielen Supermärkten (in einem extra dafür bereitgestellten Einkaufswagen) erlaubt. Besonders, da man den Hund bei solchen Temperaturen nicht im Auto lassen kann, war ich dafür jedes Mal wieder sehr dankbar!

Angekommen an unserem Parkplatz machte sich die Hitze erst so richtig bemerkbar. Bei 38 °C sorgen Asphalt und Gebäude für einen Ofen-Effekt, wenn man durch die Straßen läuft. Vom ersten Moment gab es für uns nur noch eine Devise: so schnell wie möglich ins Wasser springen zu können. Also marschierten wir nass geschwitzt quer durch die Stadt. Angekommen galt es einen Abschnitt zu finden, an dem Azura erlaubt ist. Aber wir gaben die Suche schnell auf und beschlossen gleich am ersten Strand: Wenn jemand ein Problem mit dem Hund hat, solle er es eben sagen. Natürlich gingen wir so weit wie nur möglich an den Rand des Strandes, um niemanden zu belästigen. Obwohl ich die Steinstrände Italiens immer toll finde, da man nicht in jeder Ritze sowie im Unterfell von Azura Sand hat, speichern diese Steine wesentlich mehr Hitze. Mein Hund wiegt knapp 23 Kilogramm. Ohne Frage würde ich sie gerne überall hintragen, wenn es keine Möglichkeit gibt, dass sie im Schatten laufen kann, aber bei ihrem Kaliber versagen meine Kräfte leider irgendwann. Deshalb legte ich mit ihr einen kleinen Sprint hin, um direkt zum Wasser zu laufen, in welches Azura mich dann auch beinahe mitsamt meinem Rucksack rein zog. Endlich Abkühlung!

Nachdem wir unsere Pause von der Hitze genossen hatten, mussten wir auch irgendwie wieder runter vom Strand. Unser Ziel war es nämlich, zügig aus der Sonne rauszukommen, da Lauras Haut andernfalls in Windeseile die Farbe eines Krebses annehmen würde. Doch auf dem Steinstrand mussten wir einige Meter hochlaufen, um wieder zur Promenade zu gelangen und das geht auf solch einem Untergrund nun einmal leider nicht so fix. Schon nach kurzer Zeit stoppte mich Azura und hob zwei ihrer Pfoten. Für mich bedeutete das: höchste Alarmstufe. Denn natürlich musste Azura während unserer Reise immer mal wieder über heiße Untergründe laufen. Eben immer dann, wenn es nicht anders machbar war. Noch nie hatte sie aber ihre Pfoten gehoben. Die Steine waren also so heiß, dass sie Schmerzen empfinden musste. Damit es Azura gut geht, tue ich wirklich alles, was mir möglich ist. Ich hob sie also kurzerhand hoch und schleppte mich mit ihr - wie einen nassen Sack auf meinem Arm - über den unebenen Untergrund. Obwohl es in dem Moment natürlich nicht angenehm war, muss der Anblick doch ziemlich lustig gewesen sein. Dieser Hund vertraut mir nämlich sehr und lässt sich daher komplett fallen, wenn ich sie hochhebe. Aber egal, denn Hauptsache war, dass sie bloß nicht länger über diese heißen Steine laufen muss!

Wenig später saßen wir in einem Restaurant im Ortsteil Boccadasse und ließen uns unsere Radler schmecken. Wenn auch von Touristen überlaufen, empfand ich dieses Fleckchen als wirklich schön und es erinnerte mich direkt an meinen Besuch der Cinque Terre gemeinsam mit Marc. Doch nach unserem sehr schweißtreibenden Hinweg stand für uns nach unserer Pause fest: zumindest einen Teil des Rückweges werden wir mit dem Bus zurücklegen - auch, wenn Azura dann einen Maulkorb tragen muss, was sie natürlich nicht allzu gerne tut. Sie machte das dank vorherigem Training aber ausgezeichnet und so waren wir zügig zurück am Auto.

Da dies der letzte Abend unserer gemeinsamen Reise war, ging es für uns drei zum Abschluss in ein Restaurant. Dort genossen wir besonders die angenehme Temperatur unter dem Blätterdach der Terrasse. Wir bestellten Ravioli - selbstverständlich, denn natürlich sollte nicht nur Pizza, sondern auch selbstgemachte Pasta Teil von Lauras Reise sein. Und unsere Wahl war goldrichtig: Das Abendessen war köstlich!

Schlaflos durch die Nacht

Die Nacht inmitten der Stadt war heiß, sehr heiß. Denn es kühlte kaum ab und natürlich kam es für uns nicht infrage, mit geöffneter Heckklappe oder Seitentür zu schlafen, während jedermann an unserem Bulli vorbeilief. Ich kann dir versichern, dass ich nicht mehr als eine Stunde Schlaf bekommen habe, bevor wir um 3 Uhr wieder hochmussten, da Laura um 4 Uhr am Flughafen sein musste. Zum Glück bin ich dank meiner Schlafstörungen an so wenig Schlaf gewöhnt und war trotzdem fit genug für die Fahrt.

Als wir uns verabschiedet hatten, machte ich mich auf den Weg zu einem Parkplatz direkt am Hafen, etwas außerhalb der Stadt. Zwischen vielen Autos war ich allerdings sofort glücklich, mich für diesen Platz für den Rest der "Nacht" entschieden zu haben, da ich direkten Blick aufs Meer und damit auch eine leichte Brise auf meiner Haut spüren durfte. Im Hinblick auf die Tatsache, dass an diesem Ort wesentlich weniger Menschen unterwegs waren, ließ ich die Seitentür auf. Während Azura direkt wieder friedlich einschlief, lag ich wach. Aber ich vertrieb mir die Zeit auf meine Weise: Marc hatte mich zuvor darauf aufmerksam gemacht, dass es die sternschnuppenreichste Nacht des Jahres sei. Und so entstand für mich ein ganz besonderer Moment allein mit mir: Ich lag im Bett auf dem Rücken und ließ meinen Kopf leicht über die Matratze nach draußen hängen, um besser in den Himmel blicken zu können. Mich erwartete eine absolut klare Nacht und so erblickte ich unzählige Sternschnuppen, die sich ihren Weg quer über das Himmelszelt bahnten. Für mich, die in ihrem Leben noch nicht oft Sternschnuppen gesehen hatte, ein besonderes Naturschauspiel!

Obwohl ich dann tatsächlich noch ein oder zwei Stunden Schlaf bekommen habe, saß ich um 7 Uhr ziemlich verstrahlt im Van und stellte fest: Ich kann nicht mehr schlafen ...

Ich gab mein Bestes, die Situation wieder aus einer positiven Perspektive heraus zu betrachten. Ich Langschläferin stand um 7 Uhr in Italien mit meinem Hund am Strand. So früh herrschte noch eine angenehme Temperatur, also beschloss ich zur Begrüßung des neuen Tages direkt ins Meer zu springen. Es war wirklich wunderschön, so früh eine Abkühlung zu bekommen - Azura und ich ließen den Moment auf uns wirken.

Klopf, klopf ...

Doch an diesem Tag bemerkte ich auch, dass etwas in meinem Kopf arbeitete und mich herunterzog. Lange hatte mich die Grübelei nicht mehr im Griff gehabt, doch ganz früh an diesem Morgen hatte sie plötzlich wieder die Kontrolle über meine Gedanken. Es ist, als würde ein alter Freund anklopfen. Du erkennst ihn sofort, erinnerst dich, denn früher hat man sich oft getroffen. Aber in meinem Fall ist das Wiedersehen nur kräftezehrend. Und weil sich diese Gedanken so schnell in deinem Kopf gemütlich machen, ist es für mich sehr schwer, „mal eben" an etwas anderes Positives zu denken und gegenzusteuern. Von dem einen auf den anderen Moment übernehmen negative Gedanken und Glaubenssätze wieder die Oberhand. Und wieder war ich dankbar für Marc, denn er bemerkte während eines Telefonats, dass ich absackte.

Das mag sich für dich jetzt vielleicht dramatisch anhören. Aber es ist für mich lähmend und erschreckend, wenn das mit mir - in meinem Kopf - geschieht. Früher habe ich im Alltag dann einfach nur gedacht: Es ist nur ein mieser Tag, reiß dich zusammen und mach weiter. Dann habe ich einfach funktioniert und obwohl in mir ganz plötzlich Leere herrschte, habe ich es überspielt und mich nach außen hin entspannt gegeben. In mir drin kämpfte ich gegen mich selbst an. Ohne zu wissen, was ich tun kann, um wieder mehr Kontrolle über meine Gedanken zu bekommen. Heute ist das anders. Und dafür bin ich dankbar. Trotzdem macht es die Situation deshalb nicht gleich leicht und eindeutig. Denn es ist wie ein Nebel, der mich umhüllt. Und Marc bemerkte das an diesem Morgen. Er redete direkt auf mich ein. Sagte mir deutlich, dass ich mich nicht herunterziehen lassen solle und sofort gegensteuern müsse. Er "befahl" mir quasi, mich auf die positiven Dinge zu fokussieren und diese aufzuschreiben. Doch obwohl man genau weiß, dass das richtig wäre, erscheint es in diesem Augenblick unsinnig und zu anstrengend. Und man möchte sich viel lieber zurückziehen und vergraben. In diesem Moment ist es für mich viel ansprechender, mich in diesen Zustand fallen zu lassen und einzutauchen ... in diese Tiefe in mir. Natürlich ist das ein Trugschluss.

Und so hörte ich auf Marc. Er erinnerte mich daran, mich auf die schönen Kleinigkeiten zu konzentrieren, die mir guttun und Dinge aufzuschreiben, die mich daran erinnern, dass das in meinem Kopf - wie immer - nur Gedanken sind. Also schrieb ich. Ich schrieb sehr viel darüber, was gerade so Negatives in mir vorging und darüber, was wiederum absolut gegen diese Gedanken spricht. Du kannst dir das so ähnlich wie eine Art Pro- und Contra-Liste vorstellen. Zum einen landeten viele Worte rund um die große Angst, die es mir bereitete, nach Deutschland zurückzukehren und erst einmal vor dem Nichts zu stehen, in meinem Buch. Doch ganz klar war: Ich bereute meine Entscheidungen, alles aufgegeben zu haben, keineswegs. Die Angst war angebracht, es gab jedoch keinen Anlass, sie meine Gefühlswelt beherrschen zu lassen. Und es half. Ganz langsam lichtete sich der Nebel um mich herum etwas. Ich konzentrierte mich auf den Geschmack des Kaffees und des Croissants vor mir, beobachtete Menschen und probierte, ganz bewusst im Moment zu sein.

Denn das ist in solch einem Gedankenstrudel sehr wichtig, um den Weg hinaus zu finden. Um zurück in die Realität zu kommen und sich von dem Drama im eigenen Kopf zu distanzieren. Ich gab alles, um den Menschen freundlich zu begegnen - trotz dem, was sich während der vergangenen Stunden in mir abgespielt hatte und mich so sehr allein fühlen ließ. Ich war dankbar für eine Frau, die mich im Café anlächelte und auf Azura ansprach. Denn solche kleinen Begegnungen bringen Helligkeit ins Dunkle.

Und weil ich weiß, wie ausschlaggebend der Aufenthalt in der Natur für die Psyche sein kann, begab ich mich mit Azura direkt in den nächsten Park, wo ich mich wiederum ganz genau auf alles um mich herum fokussierte. Das Plätschern des Bachs und wie Azura - sichtlich dankbar - einen Hechtsprung in diesen machte sowie das Grün der Bäume und den Ausblick auf den Hafen von Genua. All das und viel Geduld an diesem Tag für mich selbst sowie Verständnis für das, was wohl immer zu mir gehören wird, halfen mir mental wieder auf die Beine.

Am Nachmittag hellte sich meine Stimmung Stück für Stück auf. Ich kam an meinem Stellplatz für die Nacht auf einem Bauernhof in Mioglia an. Die Gastgeberin begrüßte mich unfassbar herzlich und drückte mir kurz darauf einfach so selbstgemachtes Essen in die Hand. Auch das half mir in meiner Verfassung. So saß ich dann noch den Rest des Tages vor meinem Bulli, las viel in dem Buch "BESSER FÜHLEN" von Dr. Leon Windscheid rund um unsere Emotionen und den Umgang mit diesen und war dankbar am Abend ein kleines Video-Date mit Marc zu haben.

Solche Tage gehören dazu. Und ich möchte es gar nicht immer auf die Depression in mir schieben. Wobei ich ganz klar unterscheiden kann, ob gerade diese in mir die "Macht" an sich reißt oder ich **nur** einen schlechten Tag habe. Und natürlich ist es in beiden Fällen wichtig, wie wir damit umgehen. Im Falle meiner aktuellen Situation, die eindeutig von meiner Depression herrührte, war ich doppelt dankbar, so schnell "die Kurve" bekommen zu haben, denn wenn ich erst tief im Schlamm stecke, ist es noch mühseliger, mich wieder zu befreien. Und deshalb bin ich auch heute, einen Tag später, dem Mann an meiner Seite und ebenso mir selbst dankbar. Heute kenne ich die Hilfsmittel, die mir den Weg hinaus leiten. Manchmal vergesse ich sie eben nur.

23. Zurück in Frankreich

Inzwischen neigt sich der August langsam seinem Ende zu. Und damit vergeht auch der fünfte Monat meiner Auszeit wie im Flug. Aber ich darf voller Dankbarkeit feststellen, dass ich meine Zeit nutze und auskoste. Mir wird immer deutlicher bewusst, wie viel mir diese sechs Monate für den Rest meines Lebens mitgeben werden. Diese Freiheit, in den Tag hinein zu leben und mit meiner Zeit das anfangen zu dürfen, wonach mir ist, scheint mir etwas ganz Besonderes zu sein.

In den letzten Tagen habe ich mich mehr mit meiner beruflichen Zukunft auseinandergesetzt. Mir liegt sehr viel daran, wieder mehr Leidenschaft während der Arbeit zu empfinden. Wobei, wie soll ich es erklären?

Es ist nicht so, als hätte ich die vergangenen zehn Jahre keine Leidenschaft während der Ausübung meines Jobs empfunden. Allerdings sehne ich mich danach, dass sie sich mehr dadurch äußert, dass ich Talente, die ich in mir trage, auch während meiner Arbeitszeit ausleben darf. Während der Zeit für mich allein innerhalb der vergangenen Woche wurde mir bewusst, wie gerne ich auch in Bezug auf meine tägliche Arbeit endlich mein Talent fürs Schreiben nutzen möchte. Während meiner Ausbildung zur Mediengestalterin konnte ich dies teilweise tun, da ich für eine Zeitung gearbeitet habe. Allerdings ist das ewig her und ich möchte nicht nur blind für ganz bestimmte Themen texten, sondern auch meinen eigenen Stil mit einbringen können. Und selbst, wenn es nicht möglich ist, das hauptberuflich umzusetzen, so würde es mir schon viel bedeuten, nebenher kleinere Jobs in diesem Bereich ausüben und damit Stück für Stück Erfahrung sammeln zu dürfen.

Wir werden sehen! Für den Moment sitze ich in einem ziemlich noblen Café in Saint Jean Cap Ferrat. Richtig, ich bin inzwischen zurück an der Côte d'Azur in Frankreich und um ehrlich zu sein, bin ich auch dafür wieder sehr dankbar. Italien kennenzulernen, hat mir viel Freude bereitet, allerdings hat mir die Küste dort einfach nicht das gegeben, wonach ich mich während meiner Reise am meisten sehne: dem Meer. Die Orte, die ich an der Küste kennenlernen durfte, boten oftmals nur überlaufene Strände, für deren Besuch man bezahlen oder mit Hund meist gar nicht erst betreten durfte. Dies ergab für mich vor allem vor dem Hintergrund wenig Sinn, dass Italien eines der wenigen Länder war, in dem Hunde in vielen Supermärkten herzlich willkommen waren. Zuletzt habe ich mich häufig dabei erwischt, wie ich die Küste von Portugal und Spanien schmerzlich vermisst habe. Wenn es also das nächste Mal für mich nach Italien geht, werde ich mir eher die Gegend rund um Venedig anschauen. Denn spätestens mit dieser Reise habe ich erfahren, wie unterschiedlich ein Land sein kann – es kommt immer darauf an, welchen Teil man bereist!

Hier in Frankreich durfte ich gleich gestern wieder in den Genuss von ganz viel Einsamkeit am Meer kommen. Direkt rund um diese Landzunge führt ein Wanderweg entlang der steinigen Küste. Für Azura und mich gab es damit gestern endlich mal wieder einen schönen Spaziergang mit ungehindertem Blick aufs Wasser. Die Nacht habe ich in einer Art "Villen-Viertel" verbracht. Und auch, wenn ich mich zunächst ziemlich sicher gefühlt habe, überkam mich mitten in der Nacht die Angst, da ich ganz eigenartige Geräusche vor meinem Van wahrnahm. Es lief darauf hinaus, dass ich die Seitentür schloss und einige Zeit mit einem Messer in der Hand und einem bis zum Hals klopfendem Herzen vor mich hinhorchte. Nach etwa 20 Minuten konnte ich mich endlich wieder entspannen - wohl doch nur falscher Alarm? Den Rest der Nacht konnte ich zum Glück sehr friedlich schlafen.

In wenigen Stunden beginnt dann eines meiner letzten Abenteuer während meiner Bullireise. Moe, ebenfalls einer meiner Herzensmenschen, kommt für ein paar Tage nach Frankreich und wir verbringen diese in den französischen Alpen. Da ich bereits mit Joss einen Teil dieser entdecken durfte, freue ich mich auf die Rückkehr dorthin. Außerdem wird es, so wie es auch schon bei Laura der Fall war, mit Moe eine Premiere sein, gemeinsam zu reisen. Unsere Freundschaft hat schon weit über zehn Jahre Bestand. Deshalb freuen wir uns beide sehr auf die Tage nur zu zweit!

Sie ist für mich ein kleiner Fels in der Brandung: ruhig, beständig, ehrlich und immer mit einem offenen Ohr zur Stelle, wenn ich sie brauche. Ich bin mir sehr sicher, dass wir schöne Gespräche führen und die Entspannung am Pool genießen werden. Schon jetzt weiß ich, dass diese Tage einen gebührenden Abschluss meiner Zeit in Frankreich bilden werden. Und ich werde dir hier selbstverständlich davon berichten.

Die Selbstreflexion, die ich in den letzten Tagen geübt habe, hat mir erneut bewusst gemacht, dass ich gerade **meinen** Weg gehe. Frei von äußeren Meinungen und den vielen "Wenn und Aber", die mich immer so gerne von neuen Möglichkeiten abhalten. Natürlich haben sie trotzdem ihre Daseinsberechtigung und es ist auch nicht so, als würde ich diese Einwände meines Unterbewusstseins inzwischen nur noch ignorieren. Allerdings versuche ich bewusst auf mein Bauchgefühl zu hören und offen dafür zu sein, einen komplett neuen Weg einzuschlagen. Irgendwie bin ich mir ziemlich sicher, dass das richtig gut werden könnte!

Ein weiteres Abenteuer mit einer Freundin

Heute ist der 22. August und ich sitze in einem Café in Aix-les-Bains. Seit gestern Mittag bin ich also wieder auf mich allein gestellt. Wenn ich auf die vergangene Woche zurückblicke, kann ich voller Dankbarkeit sagen: alles richtig gemacht!

Als Moe am 17. August in Nizza landete, machten wir uns direkt auf den Weg zu unserem Stellplatz für die nächsten drei Tage - im Garten einer Familie nähe Brunet. Bei Ankunft war es bereits nach 22 Uhr und wir konnten absolut nichts von unserer Umgebung mehr erkunden. Wir bahnten uns also mit dem Bulli einen Weg über die dunkle Wiese vor Ort. Dafür wachten wir am nächsten Morgen neben einem Kirschbaum und umgeben von grünen Wiesen auf. Ein Pool rundete das Gesamtpaket ansprechend ab!

Meine Freundin hatte zuvor noch nie eine Campingerfahrung gemacht und so waren wir beide sehr gespannt, wie sich die Zeit für sie anfühlen würde. Direkt nach der ersten Nacht war sie überrascht, wie viel Platz der Bulli doch bietet und dass es sehr gemütlich sei! Ich freute mich, dass sie sich wohl fühlte. Unser Frühstück bestand aus Tomaten-Mozzarella-Salat und - typisch französisch - Baguette. Dort sitzend unter dem Kirschbaum bei unserem Stellplatz empfanden wir beide solch ein Glücksgefühl, dass wir uns an diesem Morgen wirklich viel Zeit nahmen.

Als wir am Nachmittag von einer etwas misslungenen Wanderung (ich erwähne hier keine Einzelheiten, weil mit den Worten "ohne Plan geht der Plan los", "den Weg kann man auch mit Flipflops gehen" und "ich schwitze" die gesamte Sache bestens beschrieben ist) zurückkehrten, ging es für uns nur noch an den Pool - super erfrischend und damit der perfekte Abschluss für unseren ziemlich schweißtreibenden Ausflug. Von unserer Gastgeberin bekamen wir am Abend frische Tomaten aus dem Garten, die bombastisch schmeckten! Bei einem Telefonat mit unserer gemeinsamen Freundin Nicole ließen wir dann unseren gemeinsamen Tag ausklingen.

In der Nacht besuchten uns zwei Füchse und es war faszinierend, aus dem Van heraus zu beobachten, wie diese unseren Platz erkundeten. Diese Begegnung erinnerte mich an die kleine Eule, die Marc und mich besucht hatte. Das ist übrigens auch ein Grund, warum mir die Reise mit dem Bulli solch eine Freude bereitet. Es kommt immer wieder vor, dass man Tiere in ihrer natürlichen Umgebung erlebt - und das macht einen vollkommen anderen Reiz aus, als sie in einem Park zu sehen, in dem sie eingesperrt leben.

An diesem Tag unternahmen wir einen Ausflug an den Strand Esparron, der an einem glasklaren See liegt. Wenn ich die Natur an solch einem Ort in ihrer Einzigartigkeit erlebe, werde ich immer wieder demütig und mir darüber bewusst, welches Privileg es ist, all das entdecken zu dürfen. Auch Moe verschlug es die Sprache und Azura konnte nicht genug davon bekommen, gemeinsam mit uns zu baden. Wir verbrachten ein paar Stunden mit Ausblick aufs Wasser und einem Getränk in der Hand, bevor wir uns dann auf den Weg zur Verdonschlucht machten.

Schließlich war es mir wichtig, meiner Freundin diesen atemberaubenden Ausblick nicht vorzuenthalten, wenn wir in der Nähe waren. Ich glaube, für sie war es nicht nur eine neue Erfahrung zu campen, sondern während unserer Ausflüge auch beinahe ununterbrochen den Blick auf wirklich wundervolle Landschaften zu haben. Immer wieder sah ich ihr an, wie sehr sie das alles begeisterte. Ich war sehr glücklich, dass ich diese Erfahrung mit ihr teilen durfte!

Am Tag darauf war es für uns schon wieder an der Zeit uns auf den Rückweg nach Nizza zu machen. Dort hatten wir für die letzte Nacht eine Airbnb Wohnung gebucht, um entspannter zum Flughafen kommen zu können. Wir nutzen die Gelegenheit und sprangen vor Ort am Nachmittag ins Meer, bevor wir schließlich zur Wohnung fuhren und es

Lachspasta zum Abendessen gab. Um unserem gemeinsamen Abenteuer einen besonderen Abschluss zu bereiten, machten wir uns am Abend auf den Weg in eine Cocktailbar. Dort machte mir Moe ein besonderes Geschenk, das mich an meine Reise und unsere Zeit zu zweit erinnern soll – das rührte mich sehr. Dieser Moment machte mir wieder einmal bewusst, was für wundervolle Menschen ich an meiner Seite habe. Schon während des Jakobsweges hatte ich ein Armband von Josie geschenkt bekommen und auch Laura schenkte mir während unserer Tour ein wirklich schönes. Nun hatte ich mit dem dritten Armband von Moe, das eine Erde als Anhänger hat, eine weitere Erinnerung für die Zukunft an all die schönen Erlebnisse!

Etwas beschwipst machten wir uns spät wieder auf den Rückweg zu unserer Wohnung und stellten gleich im Bett fest, dass der Bulli wesentlich gemütlicher war als das Airbnb. Am nächsten Morgen mussten wir schmunzeln, weil wir beide während der doch ziemlich unbequemen Nacht den Gedanken hatten, in den Bulli umzuziehen.

Wieder allein

Nachdem ich mich von Moe am Flughafen verabschiedet habe und seitdem mit Azura allein unterwegs bin, hat ein weiterer Prozess in mir begonnen. Für Moe war diese gemeinsame Zeit auch aus privaten Gründen besonders und ich empfand es als großes Kompliment, dass sie sich durch dieses Abenteuer positiv geprägt fühlte. Unsere Freundschaft, welche auch vorher schon so vertraut war, hat durch diese Zeit meiner Meinung nach an noch mehr Tiefe gewonnen. Der Austausch hat neue Denkansätze in Bezug auf die jeweiligen Themen, die man zu bearbeiten hat, gegeben und wir haben beide etwas für die Zukunft mitgenommen.

Ich habe mir zuletzt viele Gedanken darum gemacht, was sich ändert, wenn man die "magische 30" im Leben überschritten hat. Meinem Empfinden nach beginnen viele meiner Freunde, die ebenfalls um die 30 Jahre alt sind, wesentlich mehr sich mit sich selbst zu beschäftigen. Woran das genau liegt, weiß ich nicht. Wenn ich Google danach frage, bekomme ich eher Ergebnisse, die damit zu tun haben, dass wir nun wirklich alt werden und unser Körper zu weniger Veränderung im Stande ist. Es fällt also zum Beispiel weniger leicht, sportliche Ziele zu erreichen oder aber ganz einfach abzunehmen. Für mich ergibt sich derzeit allerdings ein komplett anderes Bild. Meine Freunde haben Freude daran, an sich zu arbeiten – die Motivation ist eine andere, tiefer liegende. Nicht nur körperlich, sondern insbesondere auf mentaler Ebene. Oft wird mir dann erzählt, dass man endlich verstanden hat, was man selbst möchte und nun bereit ist, auch dafür einzustehen. In diesem Alter beginnen die Menschen aber meiner Meinung damit, endlich auf sich und ihren Körper zu hören statt auf die Äußerungen anderer.

Werden wir mit 30 Jahren also noch einmal oder erst so richtig erwachsen?

Fakt ist doch, dass das Alter am Ende absolut keine Rolle spielt und wir uns abgekoppelt von unseren gelebten Jahren immer weiter entwickeln können. Die Welt steht uns offen. Vielleicht ist es einfach so, dass die meisten von uns in diesem Alter einen Punkt im Leben erreicht haben, an dem vieles seinen "Platz" gefunden hat und man sich nun mal nur um sich kümmern möchte. Und ich glaube, dass das sowohl mit 20 als auch mit 30, 40, 50, 60, 70, 80 oder 90 Jahren sowie selbstverständlich auch dazwischen immer wieder passieren darf und wird. Wir sollten unsere persönliche Entwicklung niemals von einer Zahl abhängig machen.

Gehetzt durch den Alltag fällt es vielen von uns schwer, unserer inneren Stimme Gehör zu verschaffen, dabei ist sie doch in uns und näher geht es doch gar nicht? In meiner Familie war immer die Devise: Schule, Ausbildung, Arbeit, Hochzeit, Haus und Kinder - einen anderen Weg gibt es nicht! Ich glaube, dass ich eine Ausnahme innerhalb dieses Kreises bilde. Tatsächlich hat jemand aus diesem Kreis einmal zu mir gesagt: "... aber Nana, wenn du keine Kinder bekommst, hat dein Leben doch gar keinen Sinn!" Meiner Meinung nach hören letztendlich viele **nicht** auf ihre innere Stimme, bevor sie sich für Haus und Kind entscheiden. Damit möchte ich absolut nicht behaupten, dass es falsch ist, diesen Weg zu gehen! Ich bin lediglich der Meinung, dass viele Menschen später erkennen, dass sie ihn gerne anders gegangen wären. Zum Beispiel zuerst

Hochzeit, dann Karriere, ein Jahr im Ausland mit den eigenen Kindern und danach folgt der Bau vom eigenen Traumhaus - es gibt unendlich viele Möglichkeiten. Mir ist es wichtig zu betonen, dass jeder Mensch auch mit Kind die Möglichkeit hat, die eigenen Träume in die Tat umzusetzen - es fällt nur schwerer, weil dazu noch wesentlich mehr Mut erforderlich ist, als würde man nur für sich allein handeln.

Wenn wir aber dem von der Generation meiner Eltern vorgegebenen "so macht man das eben" folgen, werden einige von uns ein erfülltes Leben führen, andere werden später allerdings bereuen, nicht mehr in sich hinein gehört zu haben. Die Stimmen von außerhalb sind laut, sehr laut. Und schließlich war es während unserer Kindheit immer der sichere Weg, auf unsere Eltern zu hören. Wer kann uns die Denkweise also verübeln?

Ich habe viele Sätze innerhalb meiner Familie sattgehabt. Ich habe mich daher dagegen entschieden, mich weiterhin zu Familienfesten zu schleppen, während derer mir gesagt wird, was ich im Leben falsch mache. In Bezug auf meinen beruflichen Werdegang wurde ich oft in den höchsten Tönen gelobt - was mir gut tat! Aber als davon abgesehen immer nur "gepredigt" wurde, wie toll Kinder sind und dass das Leben ohne diese doch gar keinen Sinn hätte, wurde mir die Angelegenheit irgendwann zu blöd. Denn es war so, dass kaum ein anderes Gesprächsthema als die eigenen Kinder es an den Esstisch geschafft hat. Was, da alle anderen anwesenden selbst Kinder hatten, wenig verwunderlich und doch ziemlich traurig war.

Eine meiner Freundinnen ist selbst Mutter und Anfang 30. Sie bereut den Schritt, Mutter geworden zu sein, keinen Millimeter und das sieht man am Umgang mit ihren Kindern sofort. Und doch ist auch diese Freundin vor nicht allzu langer Zeit an einem Punkt in ihrem Leben angelangt, an dem sie feststellen musste "es reicht". Sie hatte den Großteil ihres Lebens nur auf das gehört, was ihre Familie ihr ins Ohr gesetzt hatte und nun bemerkte sie plötzlich, dass das nicht ihrer eigenen Meinung entsprach. Diese Freundin ist gerade dabei, ihr Leben umzukrempeln. Und ich sehe anhand ihres Beispiels, dass das - insbesondere mit Kindern - kein leichter Weg ist. Sie kämpft währenddessen mit tief verwurzelten

Glaubenssätzen und erntet wenig Verständnis von außen. Ich bin so unfassbar stolz auf diese Freundin. Sie ist für mich eine Kämpferin - und zwar für sich selbst!

Um zurück zu meiner "30er-These" zu kommen: Ich glaube, dass dieses Alter ein Zeitpunkt ist, an dem viele ihren Lebensweg das erste Mal hinterfragen und die Prioritäten sich verschieben können (du erinnerst dich: Leben ist Veränderung). Egal, wann du begonnen hast, auf deine eigene Stimme zu hören oder ob du damit gerade erst beginnst: Es ist der richtige Weg. Und ja, es bedeutet manchmal, sich von Menschen trennen zu müssen, mit denen man bis dahin durchs Leben gegangen ist, aber glaube mir: dein Innerstes wird dir ganz klar sagen, wer es wirklich gut mit dir meint. Sei dein/e eigene/r Held/in!

24. "Ich bin zurück."

Ein Satz, den ich selbst gerade erst einmal für mich verdauen muss. Erst vor wenigen Stunden habe ich nach fast fünf Monaten meinen Weg zurück nach Deutschland gefunden. Wir schreiben den 24. August, ich sitze an einem "Bächle" in Freiburg und entfliehe den 30 °C im Schatten. Herz und Kopf sind gerade voll und gleichzeitig habe ich ein Gefühl der Leere in mir. Obwohl es einen Widerspruch darstellt, bin ich aber auch sehr emotional, also doch überhaupt nicht leer? Aber am Ende ist es völlig verständlich, dass man nach so langer Zeit auf Achse erst einen Augenblick braucht, um anzukommen, nicht wahr?

Die letzten Tage waren für mich gefüllt mit viel Selbstreflexion und Ruhe. Auch, wenn ich viel auf der Straße unterwegs war, war ich mit meinen Gedanken vor allem bei mir, meiner Zukunft und dem Abschluss meiner Europareise. Natürlich geht damit etwas zu Ende, aber gleichzeitig beginnt ein ganz neues Abenteuer für mich! Und darauf freue ich mich wirklich sehr.

Jedoch empfinde ich es in diesem Moment für mich als ganz entscheidend, dass ich mir die Zeit gebe, um mich zu verabschieden von diesem Leben auf vier Rädern. Natürlich habe ich auch in Zukunft vor, mit dem Bulli umher zu reisen - völlig ohne Frage. Und dank der Tatsache, dass mein derzeitiges Zuhause Marcs Eigentum ist, wird dem wohl auch nichts im Wege stehen. Allerdings wird er dann nicht mehr mein einziges Zuhause darstellen, sondern **nur** eine Urlaubsbleibe sein.

Mir fällt es schwer zu beschreiben, wieso dieses Ankommen mir gerade eine so große Hürde darstellt. Als ich eben durch Freiburg gelaufen bin, habe ich es auf der einen Seite wertgeschätzt, um mich herum wieder Menschen deutsch sprechen zu hören. Auf der anderen Seite habe ich direkt eine Überreizung festgestellt, weil ich mich schwer damit tue, mit meinen Ohren nicht überall mit dabei zu sein (da war es zur Abwechslung mal ganz schön in Frankreich, Spanien, Portugal und Italien nur Bahnhof verstanden zu haben!) Wobei ich es sehr lustig fand, als ich direkt nach wenigen Minuten ein Gespräch zwischen zwei süßen Omis mitbekam, indem sie sich beschwerten, dass es doch viel zu warm sei - typisch deutsch eben!

In diesem Moment hätte ich gerne jemanden Vertrauten an meiner Seite, der mich dabei begleitet, wieder in Deutschland anzukommen. Einfach, damit es sich für mich nach etwas anfühlt, das ich nicht ganz allein bewältigen muss. Deshalb kann ich es kaum erwarten, morgen meinen Weg Richtung Frankfurt fortzusetzen, wo ich Marc einsammeln werde. Nachdem wir drei Monate getrennt waren und nun einen weiteren ohne einander verbringen mussten, bin ich mehr als glücklich, dass diese großen Zeiträume des Getrenntseins nun erst einmal der Vergangenheit angehören werden. Morgen Abend wird es für uns zu einem Konzert von der Band "The Teskey Brothers" in Köln gehen. Dieses wird dann wirklich den Abschluss der Europareise für mich darstellen - ein sehr schöner, wie ich finde. Ich bin gespannt, welches Gefühl in mir aufkommt, wenn ich den Tag darauf das erste Mal meine neue Wohnung in Dortmund betreten werde. Du auch?

Beinahe Mitte September. Meine letzten Zeilen schrieb ich vor drei Wochen. Da war ich frisch in Deutschland eingetroffen und fühlte mich fehl am Platz. Inzwischen sitze ich in Dortmund. Die Stadt, die seit gestern offiziell auch auf meinem Personalausweis mein Wohnort ist. Ich bin nun Dortmunderin - meine Güte, fühlt es sich komisch an, diese Worte überhaupt aufzuschreiben. Im Herzen bleibe ich natürlich Küstenkind. Es ist absolut nicht so, dass ich mich nicht freue, nun hier zu sein. Immerhin habe ich mit Marc einen sehr guten Grund, so viele Kilometer quer durch Deutschland umzuziehen. Diesen Schritt zu gehen, hat sich gut angefühlt und das gute Gefühl ist geblieben. Wir sind dabei, gemeinsam die Wohnung einzurichten und ich fühle mich wohl - **mit** ihm in dieser Wohnung **in** Dortmund.

Mir bleiben noch zwei Wochen bevor ich wieder zurück zur Arbeit muss. Und der Gedanke daran quält mich schon jetzt. Ich freue mich total, meine Arbeitskollegen wiederzusehen, aber 40 Stunden die Woche zu arbeiten? Puh - da bekomme ich ein sehr beklemmendes Gefühl in meiner Brust. Das kann ich mir nach so langer Zeit einfach nicht vorstellen. Gerade jetzt kommt mir jeder Tag so kurz vor und ich habe immerzu das Gefühl, ihn nicht sinnvoll **genug** gefüllt zu haben, sondern "durchgehastet" zu sein oder ihn "verbummelt" zu haben. Und dann soll ich bald wieder arbeiten gehen und dadurch wesentlich weniger Zeit zur Verfügung haben, die ich nach meinen Wünschen gestalten kann? Derzeit unvorstellbar.

Trotzdem konnte ich den September bisher sehr gut nutzen, um wieder mehr in Deutschland anzukommen. Das Konzert in Köln war ein schöner musikalischer Abschluss. Anfang September hat mich meine Freundin Sarah, die ich schon seit der Schulzeit kenne, für ein paar Tage in ihr unfassbar gemütliches Gästezimmer aufgenommen, da ich im Norden zu Besuch war, um meinen Umzug in Angriff zu nehmen. Zunächst einmal kam es aber zu wundervollen Augenblicken des Wiedersehens.

Meine Nichte und meinen Neffen nach so langer Zeit wieder zu sehen, konnte ich kaum erwarten! Ich liebe meine Rolle als Tante, die bei den beiden dafür bekannt ist, dass sie jederzeit für eine Runde Kuscheln bereit ist. Und so habe ich die beiden erst einmal eine ganze Weile nicht mehr aus meiner Umarmung rauslassen können. Es ist so oder so immer unglaublich, wie schnell sich Kinder entwickeln und dadurch auch äußerlich verändern – durch meine Auszeit konnte ich das bei den beiden noch einmal wesentlich stärker feststellen. Meine Schwester und ihren Mann wieder zu sehen, war für mich ebenso emotional wie meinen Vater endlich wieder in die Arme schließen zu dürfen. Diese ersten paar Tage in Hamburg haben mir gezeigt, dass ich im Norden immer einen Anker haben werde. Umzug nach Dortmund hin oder her!

Die Liebe zur Ordnung

Aber nun zurück zu meiner Ankunft hier in Dortmund: Wir sind fleißig dabei, die Wohnung heimisch zu gestalten und ich glaube, das wird am Ende so richtig gemütlich werden! Tatsächlich freue ich mich schon jetzt, bald komplett hier zu wohnen. Für mich ist der Umzug in eine neue

Wohnung schon immer etwas Besonderes gewesen. Und somit wirst du dir sicherlich vorstellen, wie besonders es nun für mich ist, so weit weg von Hamburg neu zu starten. So vollkommen.

60 Quadratmeter hat meine neue Wohnung. Zuletzt habe ich auf mehr als 90 Quadratmetern gelebt. Dazwischen fällt allerdings die Zeit im Bulli, deshalb kommen mir meine Wände derzeit gar nicht klein vor. Schon vor der Auszeit habe ich vieles aussortiert und somit hoffe ich, dass alles nun nach und nach seinen Platz finden wird und wir uns weiterhin wohlfühlen.

Derzeit bewegt sich so viel in meinem Leben. Ein Symptom meiner Depression war schon immer ein Schwindel im Liegen vor dem Einschlafen. Wenn zu viel in meinem Kopf los ist, meldet mein Körper mir damit immer die "erste Alarmstufe". Und derzeit ist mir oft schwindelig, wenn ich versuche, in den Schlaf zu finden. Ich glaube, jeder von uns hat ab und zu so viel um die Ohren, wie ich gerade - deshalb mache ich mir über diesen Schwindel auch gar keine Sorgen, er erinnert mich nur liebevoll daran, mir selbst Ruhe und Zeit zu geben.

Der Umzug nach Dortmund ist wirklich reibungslos verlaufen - genau so hatte ich es mir gewünscht. Dank meines Vaters war alles mit einer Fahrt von Hamburg aus hierher erledigt. Innerhalb von nur einer Stunde hatten wir zu dritt mit Marc zusammen den Wagen ausgeladen. Dank der Tatsache, dass wir vor dem Sabbatical mit Absicht keine Möbel auseinander gebaut hatten, bei denen es für den Transport nicht unbedingt notwendig war, musste ich lediglich ein kleines Regal und einige Türen von Schränken gemeinsam mit Marc montieren.

Mit dem Einzug habe ich auch wieder mein starkes Verlangen nach einem gewissen Perfektionismus wahrgenommen. Während der Reise im Bulli war dafür im wahrsten Sinne des Wortes einfach kein Platz. Schon als Teenager war mir ein aufgeräumtes Zimmer unglaublich wichtig. Doch nicht nur das: Bei mir mussten die Dinge auch immer auf eine bestimmte Weise angeordnet sein. Idealerweise im rechten Winkel. Über die Jahre hinweg habe ich diesen Tick mal besser und mal weniger gut im Griff gehabt. Ich gebe mir Mühe, ihm nicht so viel Gewicht zu geben, doch jetzt in der neuen Wohnung erwische ich mich oft dabei, wie ich Dinge, nachdem sie durch Benutzung verschoben wurden, schnellstmöglich wieder herzurichten bzw. vielmehr auszurichten versuche. Ich bemerke dann, wie mir dieses Verhalten eine Art Seelenfrieden verschafft. Komisch, was für einen Einfluss so etwas auf uns haben kann, nicht wahr? Doch ebenso fällt mir auf, dass ich immer wieder eine Art Zwang verspüre, wenn die Sachen eben mal nicht an ihrem Platz sind. Ich übe mich daher darin, dieses Verhalten nicht ausarten zu lassen. Tatsächlich ist mir Marcs **Ordnung** dabei eine Hilfe. Auch er mag es ordentlich, folgt dabei aber längst nicht so strenge "Regeln", wie ich es gerne mache. Denn wenn ich bei ihm immer direkt alles wieder zu der "richtigen Ordnung" zurückbringen wollen würde, wäre ich wohl nur noch dabei, ihm ununterbrochen an den Hacken zu kleben.
Warum ich das niederschreibe? Vielleicht, um mir selbst bewusst zu machen, dass unsere Ticks auch kleine Helfer sein können, um uns in hektischen Phasen unsres Lebens ein wenig Kontrolle zurückzugeben und wir nicht immer mit voller Kraft dagegen ankämpfen müssen. Wirklich zwanghaftes Verhalten gehört natürlich therapiert - vollkommen

klar. Ich spreche hier aber nur von meiner Person und weiß, dass ich diesen Tick gut im Griff habe. Marc macht sich etwas lustig über diese Eigenart und hat sich fest vorgenommen, mich "umzuerziehen". Ob er damit wohl Erfolg haben wird?

Von dem Chaos um mich herum und in meinem Kopf abgesehen, kann ich behaupten, dass es mir gerade wirklich gut geht. Natürlich ist diese Zeit nicht leicht und ich freue mich darauf, wenn wirklich Ruhe einkehrt, trotzdem macht mir meine Depression derzeit wenig zu schaffen und ich kann oftmals sehr viel Dankbarkeit für das empfinden, was gerade mein Leben ausmacht! Wie wundervoll, dass ich das mit Überzeugung schreiben kann.

Was kostet Freiheit?

Abgesehen von dem Chaos zwischen Umzug und nahender 40-Stunden-Woche, plagt mich im Moment eine Sache, von der ich mich schon mehrere Jahre erfolgreich fernhalten konnte: ein finanzieller Engpass. Während meiner Kindheit und auch im jungen Erwachsenenalter durfte ich lernen, wie es ist, mit wenig Geld auskommen zu müssen. Das war teilweise nicht leicht und ich war sehr stolz darauf, mir in den vergangenen zehn Jahren Stück für Stück einen Puffer angespart zu haben, der mir ein sicheres Gefühl gibt. Nun ja, ich schreibe dieses Buch, weil ich meine Reise teilen möchte und ich finde, dass dazu auch dieser Teil gehört.

Die Reise hat im Endeffekt wesentlich mehr gekostet, als wir zunächst veranschlagt hatten. Geplant war ein vierstelliger Betrag. Nach ersten Hochrechnungen sind wir bei einem fünfstelligen gelandet. Nach ein paar Tränen und der Erkenntnis, dass wir trotzdem keinen einzigen Tag unserer Auszeit im Ausland bereuen, müssen wir uns aber jetzt - jeder für sich - dieser Situation stellen. Ich werde erst Ende Oktober wieder volles Gehalt ausgezahlt bekommen. Meinen Berechnungen nach wird mein finanzieller Puffer bis dahin entweder zu großen Teilen oder sogar komplett aufgebraucht sein. Für mich ist es hart, diese Pille zu schlucken. Mit meiner sicherheitsliebenden Art und der Erfahrung, welche ich bereits mit wenig Geld gemacht habe, kann ich diese Lage nur schwer annehmen. Aber es nützt nichts. Schließlich sind wir erwachsen und ohne Geld läuft's am Ende halt irgendwie doch nicht so rund. Dabei fällt es mir gerade jetzt sehr schwer, meinen bisherigen Lebensstandard einzuschränken. Ich war noch nie der Typ, der Unmengen für neue Klamotten, Technik oder Beauty-Produkte ausgegeben hat. Allerdings kann ich voller Stolz zugeben: Ich bin eine **Lebens-Genießerin**. Was das für mich bedeutet? Wenn ich mich in ein Café setze, um einen Kaffee zu trinken und ein Stück Kuchen wegzuatmen, möchte ich nicht darüber nachdenken, ob ich mir das gerade leisten kann. Und das musste ich in den letzten Jahren auch nicht. Jetzt allerdings kann ich mir nicht einfach sagen "passt schon", denn dann wächst schon bald eine Minussumme auf meinem Konto heran.

Manchmal nervt es doch wirklich, dieses Erwachsensein, oder? Aber es gehört dazu. Und ich möchte optimistisch sein, denn ich bin ein fleißiger Mensch und werde mir diesen Puffer wieder erarbeiten. Geldsorgen sind meiner Meinung nach Scheiß-Sorgen. Klar, alle Sorgen sind blöd, aber die der finanziellen Art gehen oft tiefer an die Substanz. Gerade während des Einrichtens meiner neuen Wohnung erwische ich mich derzeit selbst dabei, wie ich Geld ausgebe, welches ich gerade gar nicht habe. In mir regt sich dann ein richtiger Trotz gegen diese Situation, in der ich stecke. Wie ein kleines Kind sage ich mir innerlich: "Ich will aber!"

Auch daran werde ich in den nächsten Monaten arbeiten müssen. Was mich dabei allerdings positiv stimmt, ist die Tatsache, dass ich gar keine Unsummen brauche, um glücklich zu sein. Mit meiner Art des Genusses reicht oft auch wenig Geld, um mir einen Tag zu versüßen. Das wird auch in Zukunft wieder machbar sein. Vielleicht ist es jetzt einfach an der Zeit, wieder bewusster mit dem lieben Geld umzugehen. In den letzten fünf Monaten habe ich es tatsächlich eben **ganz bewusst** vermieden, überhaupt darüber nachzudenken. Es war eine wirkliche Befreiung, keinen Gedanken daran zu verschwenden. Und es ist nun ja auch nicht so, als hätte mich das in eine Schuldenfalle getrieben - nur von meinem Ersparten muss ich mich fürs erste wohl verabschieden. Für fünf Monate Freiheit ohne Kompromisse zahle ich diesen "Preis" sehr gerne!

26. Von Heimatlosigkeit und einem Rückfall

Wir schreiben den 24. November und ich sitze krankgeschrieben in Dortmund. Ich habe meinen Körper zu lange ignoriert und weiter angetrieben. Also "darf" ich mich nun von einem ausgewachsenen Rückfall in Bezug auf meine Depression erholen. Nachdem ich den Oktober und den halben November gearbeitet habe, hat mein Körper vergangene Woche komplett gestreikt. Ich hatte zu dieser Zeit sowieso einen Termin bei meiner Therapeutin, was an diesem Tag ein glücklicher Zufall war, da ich mich wie ein umherirrender Zombie fühlte - leer und verloren.

Zuhause weit weg von Zuhause

Am besten starte ich von Beginn an: Ende September bezog ich das Gästezimmer meiner Freunde Sarah und Marten in Hamburg. Sie hatten sich unglaublich viel Mühe gegeben, damit ich mich wohlfühlen würde. Und ich fühlte mich tatsächlich sehr willkommen - auch Azura nahm unser vorübergehendes Zuhause schnell an. An meinem ersten Arbeitstag wurde ich mit offenen Armen in meiner Firma empfangen. Es war schon komisch, auf neue Mitarbeiter zu treffen, die nun schon sechs Monate bei uns in der Firma tätig waren. Ich war froh wieder da zu sein und auch, wenn sich einiges geändert hatte, kam ich schnell wieder in meine Routinen.

Ich durfte Azura mit zur Arbeit nehmen, was mir "den Arsch" gerettet hat, da die Betreuungssituation alles andere als rosig aussah. Auf diese Weise hatte ich eine Sorge weniger. Allerdings erkannte ich schon nach wenigen Tagen: auch, wenn ich alles so positiv sah, wie es mir nur möglich war: An mir nagten die Ungewissheit meiner Zukunft, Heimweh nach Marc und meiner Wohnung mit all meinen Sachen, die mir ein Gefühl von zuhause geben und die Tatsache, dass ich mich einzig wegen der Arbeit in Hamburg festgetackert fühlte. Ich probierte wirklich mein Bestes, um auch im Alltag Kleinigkeiten zu finden, die mir die Zeit etwas versüßten. Aber von Woche zu Woche verlor ich an Kraft. Die Gespräche mit meinem Arbeitgeber bezüglich meines Wegziehens und der damit verbunden Aufgabe meines Jobs verliefen leider nicht so, wie ich es mir erhofft hatte und stellte sich heraus, dass ich bis zum Ende des Jahres in Hamburg festgenagelt sein würde. Das traf mich sehr. Nicht nur, dass ich in Gedanken bereits in Dortmund angekommen war, ich hatte in Hamburg schließlich auch keine dauerhafte Unterkunft mehr. Da ich immer lieber nach Lösungen strebe, statt hinzuschmeißen, begann für mich die Zimmersuche. Schnell ergaben sich ein paar Möglichkeiten - allerdings bedeuteten die meisten davon eine starke Einschränkung meiner Privatsphäre oder waren rein finanziell nicht tragbar. Zuletzt nahm ich das Angebot einer lieben Arbeitskollegin an, in ihrem Wohnzimmer einzuziehen, sobald ich bei meinen Freunden nicht mehr bleiben könnte. Ich war froh, von ihr aufgenommen zu werden, vor allem, weil auch Azura sehr willkommen sein würde.

Anfang November hatte ich dann noch eine Woche Urlaub, für die ich sehr dankbar war. Allerdings startete ich mit einem sehr anspruchsvollen Termin in die freie Zeit, da ich einer Bekannten unbedingt eine Unterstützung sein wollte. Es ist nicht einmal so, dass ich diese Entscheidung bereuen würde, allerdings führte diese Verpflichtung dazu, dass mein "Belastungsglas" sich weiter füllte. Als ich dann am Dienstagabend in Dortmund ankam, war an Entspannung nicht zu denken. Es standen wichtige Termine bei Behörden auf dem Programm und tatsächlich auch noch der Umzug von Marc in unsere Wohnung. Wie so oft sammelte ich all meine Kräfte und boxte mich durch diese Anstrengung. Allerdings erkannte ich bereits am Donnerstag, dass meine Psyche begann, ihre Kreise zu drehen. Der Umzug war nicht abzusagen und so zogen wir es gemeinsam mit wirklich großartigen Helfern an unserer Seite am Samstag durch.

Den Kram von zwei Personen in eine 60-Quadratmeter-Wohnung zu quetschen, war keine leichte Aufgabe. Leider passte unser Kleiderschrank nicht durch unseren Flur ins Schlafzimmer - damit entstand glcich ein neues Problemchen in meinem Kopf. Trotzdem waren wir einfach nur froh, das Gröbste hinter uns zu haben. Am Sonntag hieß es dann für mich, meinem neuen Zuhause schon wieder den Rücken zu kehren und in die neue Zwischenunterkunft zu ziehen.

Auch meine Arbeitskollegin hatte keinen Aufwand gescheut und mir das Wohnzimmer gemütlich hergerichtet. Ich fühlte mich auch dort sofort wohl und empfand den Gedanken, nun sogar mit Azura zu Fuß zur Arbeit gehen zu können, als Entlastung. Davon abgesehen bemerkte ich aber schon zu diesem Zeitpunkt, dass meine Depression auf dem Vormarsch war und ich mich auf dünnem Eis bewegte. Meine psychosomatischen Symptome erreichten ein Ausmaß, welches selbst mir Sorgen bereitete. Mein Reizdarm kündigte sich immer häufiger an, die Schlafstörungen sorgten für noch intensivere Erschöpfung, der Schwindel im Liegen erschwerte mir zusätzlich das zur Ruhe finden und wenn ich nachts wach wurde, plagten mich Kiefer- und Ohrenschmerzen bedingt durch mein Zähneknirschen, die ein erneutes Einschlafen beinahe unmöglich machten. Davon abgesehen, war mein Zyklus viel zu lang, meine Augenlider zuckten ununterbrochen und sowohl das Leeregefühl als auch sehr dunkle Gedanken machten es sich in meinem Kopf gemütlich. Mein Körper rief nach **Hilfe**. Und ich hörte nicht hin ...

Also stand ich am kommenden Tag wieder um kurz nach 4 Uhr auf, um pünktlich zur Frühschicht auf der Arbeit zu sein. Ich fühlte mich kaum noch, ich funktionierte nur noch. Da ich es ziemlich gut beherrsche, all das zu verbergen, bemerkten meine Kollegen natürlich nichts davon - lediglich mein häufiges Laufen wäre aufgefallen, wenn man genau darauf geachtet hätte. Nachdem ich die ersten zwei Tage Frühschicht geschafft hatte, hatte ich zwei Tage frei im Ausgleich für die bevorstehenden acht Tage Arbeit am Stück.

Mein größter Feind? Ich selbst.

An diesen beiden Tagen versuchte ich, meinem Körper mit Hilfe von Sport anderen Input zu verschaffen. Am zweiten Tag hatte ich dann einen Termin bei meiner Therapeutin. Ich startete so entspannt wie möglich und spazierte eine große Runde mit Azura durch Hamburg bis zu einem Café. Ich war bemüht, meine Umgebung wahrzunehmen und nicht meinen Gedanken das Zepter zu überreichen. Doch das gelang mir nur teilweise. Jetzt, im Nachhinein, kann ich mich kaum noch an diesen Zeitraum vor der Therapie erinnern - ich lief, wie ein Häufchen Elend herum und mit dem Bewusstsein, dass mir acht Tage bevorstanden, während derer ich wieder funktionieren müsste.

Um kurz nach halb fünf stolperte ich in die Räume meiner Therapeutin - ich war zu spät losgefahren und daher auch zu spät zu meinem Termin gekommen. Normalerweise würde diese Tatsache in mir Vorwürfe und Scham auslösen, aber ich erinnere mich, dass es mir an diesem Tag absolut egal war. Mir war so ziemlich alles egal. Alles drehte sich nur noch um die dunklen Gedanken in meinem Kopf.

Meine Therapeutin fragte, wie immer, zu Beginn nach meinem Befinden. Ich konnte nicht viel erwidern. Lediglich, dass es mir lange nicht mehr so schlecht ging, sagte ich ihr. Sie bohrte natürlich nach und plötzlich fing irgendetwas in mir an zu zerbrechen. Ich erzählte ihr also davon, was in mir vorging, welche Symptome ich hatte und dass ich mich rein aus Pflichtbewusstsein noch immer nicht im Stande fühlte, mich krank zu melden. Dass ich mich genau dafür aber auch verurteilen würde. Sie tat ihr Bestes, um mir ins Gewissen zu reden und erklärte mir, dass meine Überzeugung nicht schwach sein zu dürfen, weiterhin ein starker Glaubenssatz aus meiner Kindheit sei und ich dringend daran arbeiten müsse, diesem nicht mehr so viel Macht zukommen zu lassen. In mir kochte eine solche Wut hoch, dass ich heulend gegen die Worte meiner Therapeutin anredete, obwohl ich doch eigentlich wusste, dass meine eigene strenge Ansicht völlig überholt war. Ich wusste es **theoretisch**, mein Kopf verkaufte mir aber so **glaubhaft** etwas anderes, dass ich mich gegen die Wahrheit wehrte - mit **voller** Überzeugung.

Mit Hilfe des EMDR Monitors probierte meine Therapeutin mich aus diesem Gedankenkarussell heraus zu holen. Im Endeffekt weinte ich ohne Ablass und redete trotzdem gegen sie an. Ich erzählte ihr von meinen zurückgekehrten Selbstverletzungsgedanken und sie fragte mich, ob ich nicht direkt in eine Klinik gehen wollen würde. Nein, das wollte ich natürlich nicht. Ich musste doch am nächsten Tag wieder zur Arbeit. Unsere verbleibende Zeit neigte sich dem Ende zu und sie überzog sogar für mich die Sitzung. Aber mich zu überzeugen schaffte sie trotzdem nicht. Sie fragte, ob sie mich so gehen lassen könne und ich bejahte – ich versicherte ihr, dass ich klarkommen würde. Sie bat darum, dass ich mich bei ihr melden solle. Und das bestätigte ich ihr.

Völlig aufgelöst ging ich aus der Praxis in mein Auto und bemerkte, dass ich mich an einem sehr gefährlichen Punkt befand. Und so saß ich in meinem Auto und weinte mir ein weiteres Mal die Seele aus dem Leib, als plötzlich Marc anrief. Zunächst wollte ich einfach nicht rangehen, aber ich wusste, dass er nicht aufgeben würde und so nahm ich das Gespräch doch noch an.

Kleiner Cut in die Nacht

Es ist 01:43 Uhr an einem Samstag. Und ich sitze hier und habe plötzlich Lust zu schreiben. In den letzten zwei Wochen zerbrach ich mir den Kopf darüber, in welch schlechtem Licht ich mich selbst sehr gern betrachte. Aber heute sind da ganz viele Gedanken, die mich nicht unbedingt quälen, allerdings trotzdem davon abhalten, genügend Schlaf zu bekommen – irgendwie auch nicht das Gelbe vom Ei, oder? Aber es wird sich nichts daran ändern, wenn ich es verteufle, daher nehme ich meine nächtliche Produktivität lieber und nutze sie für etwas, das mir am Herzen liegt: dieses Buch.

Immer wieder denke ich darüber nach, wie viel mir dieses Projekt bedeutet und wie gerne ich das Geschriebene mit möglichst vielen Menschen teilen würde. Diese komplette Reise, mit all ihren Hürden, hat mich so sehr geprägt, dass ich weiterhin davon zehren kann. In letzter Zeit mache ich zum Beispiel die Erfahrung, dass mir plötzlich Situationen von der Reise in Gedanken aufploppen. Ohne einen wirklichen Zusammenhang sitze ich dann wieder hinterm Steuer, beide Fenster auf, die Musik laut, der Wind wirbelt mir die Haare ewig vors Gesicht und ich bin einfach glücklich. Und solange der Gedanke anhält, so lange hält auch das Glücksgefühl in mir an. Dafür bin ich besonders jetzt, während dieser dunklen Zeit in meinem Kopf, sehr dankbar. Es ist, als könnte ich damit kurz entfliehen und mir ein bisschen Wärme an einen Ort zurückholen, der sich mir gerade so unterkühlt zeigt.

Zurück an den dunklen Ort

Als ich also nach meiner Therapie im Auto saß und behaupten möchte, dass ich mich in keiner guten Verfassung befand, rief Marc mich an. Beim Anblick von mir per Video-Call machte er sich selbstverständlich sofort Sorgen. Sagte mir, dass ich umgehend heimkommen solle. Dass ich mir selbst gerade die größte Feindin war, wurde mir an diesem Abend schmerzlichst bewusst.

Aber noch immer wollte ich nicht hören. Auch, wenn ich verstand, dass meine Situation ernst war und ich nicht mehr anders konnte, als hinzusehen. Hinhören wollte ich trotzdem noch nicht, also versprach ich Marc Acht zu geben und mich regelmäßig zu melden, bevor ich mich auf den Weg zurück in die Wohnung meiner Arbeitskollegin machte. Dort angekommen, hatte ich Schwierigkeiten mit mir allein zu sein. Die Anwesenheit von Azura half mir, etwas Trost zu finden. Dank meines Wut-/Trauer- und Verzweiflungsausbruches während der Therapie war ich allerdings körperlich inzwischen so im Eimer, dass ich mich zumindest nicht mehr in den Schlaf quälen musste, sondern zügig wegdämmerte.

Ein wichtiger Schritt nach zehn Jahren des Schweigens

Während meines Aufenthalts in der Rehaklinik Ende 2022 wurde mir klar, dass es auch die andere Seite gab: Menschen, die von Beginn an ehrlich mit der Diagnose Depression gegenüber dem Arbeitgeber umgingen. Für mich war das damals unvorstellbar. War ich doch der immer strahlende Sonnenschein und wollte jeden in meiner Umgebung mit meiner positiven Einstellung anstecken. Vor allem war es aber undenkbar, weil ich doch stark sein "musste". Ich durfte doch keine Schwäche zeigen und wegen der Gedanken in meinem Kopf weniger produktiv sein.

Bis dahin war ich also auch keinen einzigen Tag aufgrund meiner Depression krankgeschrieben gewesen. Sie war für mich kein **genügender** Grund. Ich bewunderte meine Mitpatienten für ihren "Arsch in der Hose", so offen vor dem Arbeitgeber damit umzugehen. Natürlich gab es wesentlich mehr, die – so wie ich – selbst das Bewilligungsschreiben der Klinik zunächst so manipulierten, dass man nicht einmal mehr ausmachen konnte, in welche Klinik es gehen würde. Meinen Kollegen und dem Chef kommunizierte ich, dass ich Probleme mit dem Magen-Darm-Trakt hätte und daher zur Reha müsse. Im Grunde war das nicht einmal eine Lüge, da vor allem mein Reizdarm mir den Entschluss aufzwang, endlich in eine Klinik zu gehen. Trotzdem war es eben nur die halbe Wahrheit.

Ich quälte mich also an meinem ersten von nun acht aufeinanderfolgenden Arbeitstagen um kurz nach 4 Uhr wieder aus dem Bett. Mein Körper fühlte sich nach dem vielen Heulen wie "wund" an. Als wäre die letzte Energie mit den Tränen herausgeflossen. Aber ich ging trotzdem zur Arbeit. Wie immer. Nun muss ich allerdings zugeben, dass der vergangene Tag mich geradezu schockiert und auf den Boden der Tatsachen zurückgeholt hatte. Niemals hätte ich damit gerechnet einmal so einen Rückfall haben zu können, aber nun konnte ich diesen nicht mehr leugnen – dafür fühlte ich all das in mir einfach zu stark. An diesem Tag hatte ich also weder die Kraft, mich groß herauszuputzen, noch den Sonnenschein zu spielen. Ich war anwesend und ging meiner Arbeit nach. In meinem Kopf übte ich mich derweil weiterhin brav in Selbstgeißelung, weil ich mich so erbärmlich fühlte. Während meiner Schicht wurde mir jedoch immer bewusster, dass nun wirklich meine ganz persönliche körperliche und seelische Grenze erreicht war. Ich konnte einfach nicht mehr.

Ich nahm meinen gesamten Mut zusammen und bat meinen Vorgesetzten um ein Gespräch unter vier Augen. Und dann tat ich es: Ich sprach meine psychische Erkrankung zum ersten Mal in der Firma aus. Es fiel mir alles andere als leicht und die Scham legte sich währenddessen wie eine schwere Decke um mich. Aber mein Vorgesetzter hörte zu und schien Verständnis zu haben, wofür ich ihm auch in diesem Augenblick noch sehr dankbar bin. Natürlich ist kein Mensch auf das Verständnis des Unternehmens angewiesen, wenn es um den Grund für eine Krankschreibung geht – es geht niemanden etwas an, warum man nicht im Stande ist zu arbeiten. Aber in meinem Fall war das Verständnis wichtig, wichtig für die Stimme der Erniedrigung in mir, die so zumindest in der Situation etwas leiser wurde.

Du wirst nun mit Sicherheit den Kopf schütteln oder vielleicht ein genervtes Seufzen von dir geben: Ich sagte meinem Vorgesetzten, dass ich natürlich noch den Wochenenddienst machen würde, weil mir bewusst sei, wie schwer es ist, in kürzester Zeit Ersatz zu finden. Ich würde dann erst am folgenden Montag zum Arzt gehen. Ja, ich weiß. Aber meine Überzeugung war stärker als jegliche Vernunft, und ich musste weise abwägen, ob ich der inneren Kritikerin noch mehr Stoff für Verurteilungen geben oder diese zumindest insofern zufriedenstellen wollte, indem ich meiner gefühlten „Pflicht" für den Wochenenddienst nachkommen würde. Für viele klingt das nach Wahnsinn. Ich wünsche dir, dass du nie in die Lage kommst, solch einen inneren Kampf führen zu müssen. Am Ende bist immer du selbst der Verlierer.

Die Menschen, die mich retten

Dank der Tatsache, dass an diesem Wochenende kein hohes Arbeitsaufkommen war, konnte ich die Schicht so gestalten, dass ich zumindest nicht noch mehr Druck spürte, sondern meine Aufgaben in einem entspannten Tempo abarbeiten konnte. Als ich um 16:30 Uhr Feierabend machte und vor die Tür trat, traf mich gefühlt ein Schlag: dort stand Marc. Ich konnte meinen Augen kaum glauben, war mit der Situation völlig überfordert und konnte meiner sehr wohl vorhandenen Freude gar keinen Ausdruck verleihen. Ich hasse Überraschungen! Und doch war dies eine, von der ich nicht wusste, wie sehr ich sie gebraucht hatte. Er hatte mich einfach nicht eingeweiht und am Vorabend spontan ein Zugticket gebucht und auch bis zu meinem Feierabend einfach so getan, als hätte er daheim viel um die Ohren – ich habe nichts geahnt.

Wie gelähmt von der Überraschung gingen wir in Richtung "Zuhause". Erst da wurde mir bewusst, dass er ja nun auch hier schlafen müsste. Meine Arbeitskollegin reagierte mit so einem Selbstverständnis positiv, als ich sie anrief und danach fragte, ob Marc mit bei ihr in der Wohnung schlafen könnte, dass es mir ganz warm ums Herz wurde. Für den Rest des Abends genoss ich nur noch die bloße Anwesenheit von ihm. Das Außen geht so schnell flöten, wenn die Schlacht im Inneren wütet – mir hilft in solchen Momenten die körperliche Nähe eines geliebten Menschen. Und weil er genau das weiß, hat er einfach diesen Weg auf sich genommen. Diese für mich wirklich große Geste von Fürsorge werde ich niemals vergessen – auch jetzt noch kann ich gar nicht in Worte fassen, wie dankbar ich Marc dafür bin.

Mit der Diagnose Depression ist die Person manchmal darauf angewiesen, gerettet zu werden. Klingt komisch? Wenn du dir die Krankheit als Monster vorstellst, tut es das ganz schnell nicht mehr. Auch, wenn diese Rettungsaktionen meistens gegen den Willen der Person geschehen. Rettung muss nicht immer bedeuten, sich für drei Stunden in den Zug zu setzen, um vor Ort zu sein. Rettung kann auch in Form einer Nachricht oder eines Anrufes kommen. Wir neigen dazu, uns von unserer düsteren Welt auffressen zu lassen – sie verschlingt uns ohne unser Zutun. Und wenn wir dann, im Dunkeln, bemerken, dass wir dort nicht allein sind, weil ein Mensch an uns denkt und für uns da ist, dann bringt das manchmal ein bisschen Licht in unsere Welt.

In meinem Leben habe ich solche Retter. In der Situation selbst möchte ich oftmals nichts sehen oder hören, wenn diese Menschen aber ihren Fuß in der Tür zu mir haben, dann weiß ich zu schätzen, dass sie es geschafft haben. Meine Retter sind nicht aufdringlich, sie erinnern mich nur von Zeit zu Zeit daran, dass ich geliebt werde. Und bei all dem Selbsthass bin ich jedem einzelnen immer wieder sehr dankbar für diese Zuneigung. Falls ihr das hier lest: ihr wisst, dass ich euch meine – **danke**, dass ihr mich schon so oft ein kleines bisschen vor mir selbst gerettet habt.

Zurück nach Hause

Als ich die Wochenendschicht hinter mich gebracht hatte, setzte ich am Montagmorgen Marc am Bahnhof in Hamburg ab, da dieser zurück nach Dortmund musste und für mich zunächst einmal ein Gespräch mit meinem Arzt anstand. Meine Sachen hatte ich natürlich noch nicht gepackt, denn selbstverständlich wohnte weiterhin der Gedanke in mir, dass es durchaus im Bereich des Möglichen wäre, dass ich am Folgetag wieder zur Arbeit gehen würde. Zumindest dieser eine Teil von mir hatte diesen wahnwitzigen Gedanken, während der Großteil von mir inzwischen sicher wusste: Ich muss jetzt nach Hause, damit ich zur Ruhe komme und neue Kraft finden kann.

Im Behandlungszimmer schilderte ich meine Lage. Mein Hausarzt kennt mich seit meinem siebten Lebensjahr und damit auch meine komplette Vorgeschichte. Wenn es nur nach ihm gegangen wäre, hätte er mich sofort für die folgenden sechs Wochen krankgeschrieben. Er ermahnte mich den Symptomen Aufmerksamkeit zu schenken und öfter frei dem Motto **LMAA** *(leck mich am Arsch)* zu leben, denn meine aktuelle Umgangsweise mit meinem Körper und die feste Überzeugung immer alles schaffen zu müssen würde mich – es sei nur eine Frage der Zeit – immer wieder an meine Belastungsgrenze bringen. Wir einigten uns darauf, dass er mir erst einmal zwei Wochen Auszeit geben würde. Dann sehen wir weiter.

Als ich kurz darauf mit schlechtem Gewissen meinen Vorgesetzten informiert hatte, fühlte ich das erste Mal ein wenig Erleichterung. Ich würde mich am nächsten Tag nicht wieder raus quälen und funktionieren müssen. Ich durfte jetzt nach Hause fahren. Und das tat ich – mit Sack und Pack.

27. Der Prozess des Heilens

Diese Worte hören sich für mich schwachsinnig an, aber ich lasse sie dort stehen, weil sie wahr sind. Ich befinde mich ständig in diesem Prozess, jedoch die letzten zwei Wochen mit wesentlich mehr Aufmerksamkeit. Es gab Tage, da ging es mir besser, und welche, da fühlte ich erneut die gleiche Last wie zuvor. Ich übe mich darin, meinem Körper und der Psyche nur das zuzumuten, was den beiden gerade guttut. Ich habe mich von allem ein wenig zurückgezogen, Reize auf ein Minimum eingeschränkt und konzentriere mich gerade nur darauf, wieder zu Kräften zu kommen. Und ich habe gestern eine Entscheidung getroffen, auf die ich sehr stolz bin: Ich habe mich auch für die kommende Woche krankschreiben lassen.

Bis zu diesem Zeitpunkt wollte ich am Wochenende zurück nach Hamburg fahren und wieder mein Glück mit dem "Funktionieren" versuchen. Ich hatte gehofft, dass ich schon wieder fitter sein würde. Aber ich war gestern ehrlich zu mir selbst und musste mir eingestehen, dass ich noch nicht wieder so weit bin. Ich brauche mehr Zeit.

Also verbringe ich meine Tage damit, zu entschleunigen und den Druck rauszunehmen. Meistens schlafe ich aus, weil ich endlich wieder mehr schlafen kann, seitdem ich hier bin (eine Ausnahme bildet natürlich die heutige Nacht. Es ist übrigens inzwischen 03:03 Uhr). Die Nähe zu Marc führt dazu, dass ich runterfahren kann. Außerdem mache ich Sport, wenn mir danach ist und verbringe möglichst viel Zeit in der Natur. Das hat sich mir einmal mehr als besonders ausschlaggebend für meinen Gemütszustand gezeigt. Ein Spaziergang durch die Stadt ist einfach nicht dasselbe. Ich benötige wirklich Natur, damit ich wieder Luft bekomme.

Letzte Woche hatte ich an einem Yogakurs von Marc teilgenommen. Ich dachte, das würde mir guttun – sowohl körperlich als auch mental. Wir übten einen Flow, den wir zum Ende der Stunde selbstständig für uns allein weiter praktizieren sollten. Mein Gedächtnis verhält sich momentan meistens wie ein Sieb. Und auch in diesem Moment kam es, wie ich es leider befürchtet hatte: Von jetzt auf gleich waren die soeben mehrfach ausgeführten Asanas (Körperstellungen im Yoga) aus meinem Hirn verschwunden. Ich stand auf meiner Matte und versank sofort in Scham und Wut über mich. Mir liefen die Tränen und ich begann, mich innerlich fertig zu machen. Ich konnte diese Gedanken nicht aufhalten, sie preschten mit Gewalt auf mich ein, sodass ich regelrecht unter ihnen zusammenbrach.

Marc bemerkte das und kam zu mir. Ich sagte ihm, dass plötzlich alles verschwunden sei und er schlug mir vor, dass wir gemeinsam üben können. Aber auch das hätte für mich in diesem Moment nur noch mehr Scham bedeutet, wo doch die anderen Teilnehmer es so schön schafften, den Flow für sich allein zu üben. Ich war kurz davor, den Raum zu verlassen. Doch ich riss mich zusammen und versuchte alles, um meine Gedanken zu bändigen – den Hass runter zu schrauben. Ich übte für mich weiter, ohne den eigentlichen Flow zu praktizieren. Es war gut, dass ich nicht einfach gegangen bin, aber meine Gedanken schaukelten sich trotzdem so sehr weiter hoch, dass ich mental wieder an dem Punkt nach meiner letzten Therapiestunde angelangt war. Also schon wieder das Gefühl zu versagen. Ich schluckte die bittere Pille und nahm es hin. Egal, welche Szenen sich dort gerade in meinem Kopf abspielten, ich durfte ihnen nicht noch mehr Kraft geben, indem ich mich über meine Schwäche aufregte. Sie war nun da und ich musste sie akzeptieren. Vor allem musste ich mir aber bewusst machen, dass es keine Schwäche ist, etwas zu vergessen. Besonders im Yoga geht es doch darum, bei sich zu sein und nur das zu tun, was sich gut anfühlt.

Auch an diesem Abend stand mir Marc bei. Er verstand, was in mir vorging und redete vehement gegen meine Logik an – immer und immer wieder. Ein kleiner Baustein, um die Segel wieder neu zu setzen, wenn die Wellen bei immer wieder wechselnden Winden so hochschlagen, dass man den Horizont nicht mehr ausmachen kann.

Wie rational bist du heute?

Seitdem ist nun wieder eine Woche vergangen. Eine Woche, in der ich zum Teil nur bei mir war oder ganz speziell den Kontakt zu bestimmten Personen gesucht habe. Besonders gut tat mir dabei der Austausch mit einer Freundin, die im November 2022 ebenfalls mit mir in der Klinik war. Wir versuchen uns in schwierigen Momenten gegenseitig eine Stütze zu sein und besonders durch rationalen Austausch den Nebel aus dem Kopf zu verbannen. In den vergangenen Tagen haben wir viel darüber gesprochen, wie präsent unser Wachstum ist, wenn wir nur einmal darüber nachdenken, wie unser Umgang mit der Depression sich verändert hat. Wir waren einer Meinung, indem wir beide uns erinnerten unseren Gedanken damals einfach ausgeliefert gewesen zu sein - Punkt. Heute ist das anders. Wir können dank Erfahrungen und erlernter Techniken den Blickwinkel ändern. Auch wenn wir uns gerade im Modus Depression befinden, ist es uns möglich, auf rational "umzuschalten". Das bedeutet nicht, dass wir in der Rationalität verbleiben können und alles wieder bestens ist. Der Unterschied zu früher ist das heutige Verständnis für die Logik unserer Gedankenabläufe und dass es wichtig ist, unsere Glaubenssätze immer wieder infrage zu stellen – dessen niemals müde zu werden. Oftmals haben unsere Gedanken absolut nichts mehr mit der Realität am Hut, aber etwas in uns möchte uns mit aller Kraft davon überzeugen, dass sie trotzdem wahr sind.

Es bleibt ein ewiger Kampf, die Rationalität zu wahren. Aber dieser zweite Blickwinkel macht den entscheidenden Unterschied auf unserem Weg mit der Krankheit. Wenn wir den dunklen Gedanken weniger Gehör verschaffen und uns stattdessen an der Realität festbeißen, lässt uns das oftmals weniger tief im Treibsand versinken. Das ist auch der Grund, warum sich viele Betroffene gegenseitig immer und immer wieder die gleichen verdammten Ratschläge geben, obwohl man sie selbst in der Situation nicht hören möchte: Das stetige Einhämmern führt dazu, dass wir zumindest für einen Moment aus dem Hamsterrad aussteigen.

So bleibt es weiterhin spannend in meinem Leben - für meinen Geschmack zu spannend. Aber so ist es jetzt und auch dieser Abschnitt wird mich etwas lehren. Ich nehme dich noch ein Stück mit auf diese Reise.

Wenn ich nun, zum Ende dieses Buches, einen Blick zurückwerfe, wird mir bewusst, dass so viel auf diesen Seiten fehlt, das ich erlebt habe. Und dann wird mir klar, dass das gut so ist. Denn viele Augenblicke bleiben ganz allein in meinem Herzen. Ich möchte gar nicht, dass hier alles bis ins kleinste Detail aufgeführt wird – schließlich ist das doch meine Reise und an der möchte ich dich eben **teil**haben lassen.

Während der Auszeit habe ich täglich in mein Reisetagebuch geschrieben. Mir war von Anfang an bewusst, dass ich vieles vergessen würde und deshalb war es mir ganz besonders wichtig, es schriftlich festzuhalten. All die Orte, die ich gesehen habe, lösen sich in meinem Kopf von ihren Namen und Sehenswürdigkeiten. Denn ganz im Gegenteil zu einem normalen Urlaub habe ich während der Auszeit im Fluss des Moments gelebt – Dinge, die man „unbedingt" in einer Stadt gesehen haben muss, waren nicht Teil meines Plans. Für mich stand im Vordergrund, die Menschen und den ganz eigenen Charme jeden Ortes in mich aufzunehmen. Ich habe Kultur erlebt und konnte dank meiner großen Freiheit jede Stadt zu ganz unterschiedlichen Uhrzeiten erleben – ein kleiner Wandel, der von morgens bis spät in den Abend stattfindet und an jedem Ort etwas anderes in petto hatte.

Ich habe mir die Mühe gemacht und all die Städte oder besonderen Orte, die ich, während der fünfmonatigen Bullireise besucht/durchfahren habe, zusammengetragen:

April: Hamburg, Seevetal, Dortmund, Luxemburg, Villerupt, Gurgy-le-Chateau, Amboise, La Rochelle, Fouras, Bordeaux, Dune du Pilat, Bayonne, Strand von Ondres, Plage d'Anglet, Bizkaia, Santander, Travassos de Cha, Porto, Angeiras, Vila do Condo, Condexeira, Fao, Belinho, Vila Praia de Ancora, Caminha, A Pasaxe, Pontevedra

Mai: Baiona, Vigo, Caldas de Reis, Pontecesures, Padron, Santiago de Compostela, Ancora, Porto, Aveiro, Figueira da Foz, Batalha, Peniche, Lissabon, Alcácer do Sal, Salema, Olhos de Água, Quarteira, Faro, Luz, Bordeira, Aljezur, Tavira

Juni: Cádiz, Tarifa, La Linea de la Concepción, Gibraltar, Almogia, Ardales (Camito del Rey), Ronda, Granada, Sierra Nevada, Monachil, Granada, Las Negras, Playa Flamenca, Tavernes de la Valldigna, Valencia, Barcelona, Navas, Oliana, Pantà d'Oliana (el Segre), Coll de Boixols, La Torre de Cabdella, Vielah, Saint-Marcet, Toulouse

Juli: Arles, Ramatuelle (Strand Escalet), Les Maurettes, Nizza, Dolceaqua, Priola, Carcare, Trisobbio, Carpeneto, Cassinelle, Parco Naturale delle Capanne di Marcarolo (Lago Lavagnina), Monte Tobbio, Vernazza, Corniglia, Sarzana, Fosdinovo, Vecchiano, Piombino, Marina di Grosseto, Castiglione della Pescaia, Manciano, Civitavecchia, Sant

Fruitiós de Bages, Salses-le-Chateau, Carcassonne, Montagnac, Istres, Verdonschlucht, Rousset, Arenzano, Genua

August: Piacenza, Gardasee, Verona, Mantua, Celleri, Ottone, Asti, Turin, Farigliano, Boccadasse, Mioglia, Finale Ligure, Diano Marina, Saint-Jean-Cap-Ferrat, Brunet, Esparron beach, Laffrey, La-Chaux-du-Dombief, Belfort, Freiburg, Siegen, Köln, Dortmund, Hamburg

Diese Liste wird dir persönlich vielleicht nur ein kleiner Anreiz sein, wohin dich dein nächstes Abenteuer führen könnte. Für mich ist es die Erinnerung daran, dass 14800 Kilometer plus Freizeit mir die Freiheit gegeben haben, nur das zu tun, wonach mir in dem jeweiligen Moment war und vor allem daran, dass ich diese Zeit ganz fantastisch verbracht habe. All die Menschen, die mir diese Reise in mein Leben gespült hat, erinnern mich daran, welche schönen Erfahrungen auf dich warten, wenn du offen durch dein Leben gehst. Und all die Bilder, die ich während dieser Reise gemacht habe, zaubern mir jedes Mal wieder das Gefühl des jeweiligen Moments ins Herz.

Ich bin mir ganz sicher, dass es noch so viele Situationen gegeben hat, die es wert wären, in diesem Buch eine kleine Bühne zu bekommen, doch dann würde es sicher aus allen Nähten platzen. Außerdem war es mir ein Anliegen, dass du selbst ins Träumen gerätst – ich hoffe, das ist mir gelungen.

Ich bin zurück, zurück an dem Ort, wo "mein Herz wohnt". Klingt eventuell etwas kitschig, aber ich kann dir sagen, dass ich hier an der Ostsee so sehr runterfahren und ankommen kann, wie sonst nirgends! Für mich ist das immer wieder etwas Magisches, das mich von dem Moment, in dem ich ankomme, den Seetanggeruch und die salzige Luft in mich aufnehme, verzaubert.

Hier bin ich also zurück an dem Ort, der den Titel dieses Buches von Beginn an geprägt hat, denn ein wenig "Meerweh" hat immer einen Platz in meinem Herzen. Es macht mich aus und beschreibt einen Großteil von dem, was ich brauche, um einmal durchatmen zu können. All meine Liebsten wissen, was es mir bedeutet, regelmäßig am Meer zu sein und dass genau das auch der Ursprung ist, warum ich mit dem Bulli entlang der Küste unterwegs sein wollte.

Bereits letztes Jahr war ich zu Weihnachten hier und bin mehr als glücklich, nun wieder die Gelegenheit nutzen zu dürfen, um vor Jahresende und vor allem vor meinem endgültigen Aufbruch nach Dortmund noch einmal zur Ruhe zu finden. Hier benötige ich nicht viel: Es reicht vollkommen, lange Strandspaziergänge zu unternehmen, mit Azura im Bett zu lümmeln und einen Abstecher in die Sauna zu machen. Und das hier soll auch der Ort sein, an dem ich dieses Buch abschließen möchte. Vorab möchte ich dich jedoch an den neuesten Entwicklungen meiner Reise teilhaben lassen.

Zuletzt hatte ich dir aus Dortmund geschrieben. Zu einem Zeitpunkt, in dem es mir vor allem psychisch aber auch physisch sehr schlecht ging. Ich hatte mit einer akuten depressiven Episode zu kämpfen und komme nicht drum herum, besonders im Rückblick darauf festzustellen, dass meine Gedanken angsteinflößend waren. Die drei Wochen Auszeit zu Hause waren dringend notwendig, um wieder auf die Beine zu kommen und etwas neue Kraft zu bündeln.

Schließlich bin ich in die Wohnung meiner Arbeitskollegin zurückgekehrt und habe alles daran gesetzt, im "Tun" zu bleiben (also zu handeln, statt den Rückzug zu suchen). Das stellt für mich den entscheidenden Schlüssel dar, wenn ich mich in einem Kreislauf aus negativen Gedanken und Hoffnungslosigkeit befinde. Damit wird meine Depression nicht weggezaubert, aber ich schaffe es durch die kontinuierliche Ablenkung und körperliche Bewegung meinen Fokus neu zu setzen. Im Umkehrschluss hieß das für meinen "neuen alten" Alltag in Hamburg, dass ich schon vor der Frühschicht morgens um kurz nach 4 Uhr eine kurze Runde Yoga für mich geübt und meditiert habe. Im Anschluss an meine Schicht habe ich mir immer etwas vorgenommen. Entweder eine Verabredung zum Kaffee, Sport oder einen langen Spaziergang fernab der Stadt. Letzteres war mir ein besonderes Anliegen, da ich in Dortmund bemerkt habe, wie wichtig der regelmäßige Aufenthalt inmitten der Natur für mein Wohlbefinden ist.

Mit dieser Herangehensweise ging es mir trotz Arbeitsalltag bald wesentlich besser. Es erforderte allerdings auch viel Disziplin, dran zu bleiben und mich nicht wieder fallen zu lassen. Denn natürlich waren die Gedanken und vor allem das Heimweh weiterhin präsent in mir. Mein größter Dank gilt daher meinen Freunden, die mich durch unsere Verabredungen immer wieder von meiner negativen Spur abgebracht haben.

Inzwischen liegt nur noch ein letzter Arbeitstag vor mir: Am 27. Dezember verabschiede ich mich von meinen Arbeitskollegen und vorerst auch von Hamburg. Natürlich werde ich sowohl meine ehemaligen Kollegen als auch meine Heimat regelmäßig besuchen, trotzdem endet in zwei Tagen eine Ära und damit ein prägender Lebensabschnitt für mich. Auf der einen Seite bin ich schon jetzt traurig, weil ich meinen Kollegen tschüss sagen muss, auf der anderen Seite kann ich es kaum erwarten, endlich richtig zuhause ankommen zu dürfen!

Derzeit beschäftige ich mich mit Hilfe der Rauhnächte mit der Reflexion des vergangenen Jahres. Dabei notiert man 13 Wünsche für das kommende Jahr und übergibt 12 dieser Wünsche dem "Universum" - für die Erfüllung des übrig gebliebenen Wunsches ist man selbst verantwortlich. Im Zuge dessen nimmt man sich immer wieder die Zeit, um sowohl über die vergangenen 12 Monate nachzudenken als auch über die nun bevorstehenden. Durch dieses Ritual schaffe ich es gerade, einen noch tieferen Zugang zu meinen eigenen Gedanken und Empfindungen zu finden. Dabei glaube ich, dass jeder das auf seine Weise tun sollte und ich im vergangenen Jahr auch ohne dieses Ritual viel schöne Zeit damit verbracht habe, auf die Vergangenheit zurückzublicken.

Jetzt gerade wird mir einmal mehr bewusst, wie sehr mich meine sechsmonatige Auszeit in diesem Jahr geprägt hat. Marc hatte mir in dieser Zeit immer wieder gesagt, dass er der Überzeugung sei, dass ich auch für die Zukunft so viel mitnehmen würde, was mir in dem damaligen Moment vielleicht gar nicht so bewusst gewesen sein wird. Und ich muss ihm vollkommen zustimmen: Seit der Reise zehre ich beinahe täglich von meinem Abenteuer. Dabei sind es besonders in letzter Zeit nicht die "aufregenden und besonderen" Momente, die in meinem Kopf aufploppen, sondern die unscheinbaren und ganz einfach sehr friedlichen

Momente zaubern mir heute regelmäßig ein Lächeln auf die Lippen. Meist sind es kleine Rückblicke, während derer ich erneut wahrnehme, wie einfach sich diese Zeit für mich angefühlt hat und wie wertvoll es immer bleiben wird, so frei gewesen zu sein. Ich bin mir heute sicher, dass dies nicht meine letzte Auszeit gewesen sein wird, da ich fest entschlossen bin, auch zukünftig die Ketten abzulegen, die wir uns im Alltag selbst anlegen (in dem Glauben, wir könnten doch nicht anders). Wir können anders - wir müssen es nur wollen und den Mut dafür aufbringen!

Für 2025 wünsche ich mir vor allem eines: ankommen. Bei mir, im Alltag mit Marc und in Dortmund, meiner neuen Heimat. Ich freue mich auf ein **unaufgeregtes** neues Jahr, welches mich dabei begleitet, meinen Platz zu finden und mir zeigt, dass es immer möglich ist, neu anzufangen. Auch wenn die Angst einen zunächst zu überwältigen scheint. Wir sollten niemals aufhören den Mut aufzubringen, die Veränderung in unser Leben einzuladen - nur dann können wir wachsen und uns selbst neu erfinden. Wenn wir uns ewig nur dort aufhalten, wo wir uns mit dem umgeben, was uns stört und unglücklich macht, wird sich auch nicht plötzlich alles ändern.

Dieses Buch ist Teil meiner Reise und es wäre mir eine unfassbar große Ehre, wenn du dieses nun tatsächlich in deinen Händen halten solltest und mich bis hierhin begleitet hättest! Damit würde ein weiterer großer Traum für mich in Erfüllung gehen. Seit meiner Kindheit hängt mein Herz am Schreiben und daran, andere mit meinen Worten zu berühren oder sie zum Nachdenken zu bringen. Vielleicht ist mir das bei dir gelungen? Falls ja, möchte ich dir an dieser Stelle noch einmal etwas ans Herz legen: tue es! Geh raus und lebe deinen Traum. Kündige, sprich ihn/sie an, suche die Aussprache, entferne dich von dem, was sich nicht mehr gut anfühlt, sei offen für Neues! Tue es, denn das Leben ist Veränderung und jeder von uns sollte für sein ganz persönliches Glück einstehen. Lasst uns bewusster darüber werden, wie kurz unser Leben ist und dass jeder vergangene Tag einer weniger ist, der uns bleibt. Aus unserer Angst können wir Mut heranwachsen lassen! Die Angst ist etwas Gesundes, das uns vor Gefahren schützen möchte. Und das ist in Ordnung, jedoch darfst du dich von ihr nicht lähmen lassen - manchmal meint es unsere Angst nämlich etwas zu gut mit uns und hält uns damit zurück. Dabei lebt der Mut in jedem von uns und wenn wir erst einmal den ersten Schritt gegangen sind, werden wir auch unsere Angst davon überzeugen, dass das Ungewisse vor uns der Beginn von etwas Wundervollem sein kann!

Und ja: Es wird trotzdem weiterhin von Zeit zu Zeit Scheiße in unserem Leben passieren. Wir sind dabei aber nicht allein. Und manchmal zeigt uns die Scheiße lediglich, dass wir noch etwas zu lernen haben! Jedes Tief lässt dich wachsen und jedes Hoch wird dir den Stolz ins Herz pflanzen - versprochen. Und das vollkommen zu Recht, denn du bist es wert. Wir alle sollten **machen**. Mutig sein. Das Leben ist zu kurz, um der Angst die Bühne zu überlassen. Trau dich, denn ...

... was, wenn es gut wird?

30. Kleiner Kniefall

Mein sinnbildlicher Kniefall gilt meinen Liebsten. Den Menschen in meinem Leben, die ihren Glauben an mich niemals in Frage gestellt haben. Ich danke allen von Herzen, die mir den Mut gaben, meinen Traum in die Tat umzusetzen. Ich danke den fünf Menschen, die mich live auf meiner Reise begleitet und sie auf ihre Weise geprägt haben - ihr wisst, dass ihr gemeint seid und ich bin unglaublich dankbar, die Freiheit gemeinsam mit euch erlebt zu haben - das kann uns keiner je wieder nehmen! Mein großer Dank gilt ebenso den Menschen, die nicht dabei sein konnten und doch mit ihren Herzen dabei waren - dazu gehören ganz besonders mein Schwesterherz und mein Vater. Ich weiß, was für eine Angst ihr hattet, dass ich verloren gehe. Und trotzdem habt ihr keine Sekunde an mir gezweifelt.

Lieber Marc, ich danke dir dafür, dass du mich zu Beginn - bei der Reise zur Reise - so vehement darin bestärkt hast, meinen Wunsch in die Tat umzusetzen und mehr daran geglaubt hast, als ich es zunächst selbst tat! Sollte irgendetwas schiefgehen, wusste ich, dass ich sofort einen Platz zum Schlafen bei dir hätte. Genauso dankbar bin ich übrigens, dass ich schon während der Reise ein Heim bei dir finden konnte, denn dort, wo du bist, ist auch mein Zuhause.

Lieber Joss, verdammt, was bin ich stolz auf uns beide?! Unsere Geschichte ist so besonders und ich bereue nichts. Ich bin dir dankbar für all die gemeinsamen Jahre und dafür, dass wir nie aufgegeben haben. Ich danke dir für diese drei Monate (auch, wenn du mich manchmal mit deinem "früher-Vogel-Modus" wahnsinnig gemacht hast). Ich danke dir, dass wir gemeinsam den Mut aufgebracht haben, um unseren Traum in die Wirklichkeit umzusetzen!

Ich danke meinem ehemaligen Chef Robert für die sofortige Zusage, dass ich mir die Auszeit von der Arbeit überhaupt nehmen durfte. Dabei wussten wir tief im Herzen beide, dass ich danach wahrscheinlich nicht für lange Teil des Teams bleiben würde. Du hast die ersten Schritte eingeleitet, um das alles möglich zu machen. Einfach danke, denn ohne dich wäre all das nicht mal eben umsetzbar gewesen!

Und da sind noch so viel mehr ganz besondere Menschen im Hintergrund, welche hoffentlich spüren, wie dankbar ich ihnen bin und was sie mir bedeuten! Ihr seid der Wahnsinn und ich schätze mich sehr glücklich euch in meinem Leben zu haben.

Und damit sag ich tschüss, denn das heißt auf Wiedersehen. Und wer weiß? Vielleicht sehen wir uns wieder. Viel Freude bei deinem nächsten **Mutausbruch**.

Deine Nana